非常識な授業づくり

悩んだ時に立ち返りたい
40の疑問

鈴木秀樹

明治図書

はじめに

みなさんは、ご自身が子どもだった頃、校歌を歌う時、どのような姿勢で歌いなさいと指導されていたでしょうか。

私の場合、小学生の頃にどのような指導を受けていたかは正直なところ覚えていないのですが、中学生の時に「校歌は気をつけの姿勢で歌いなさい」と言われたことはよく覚えています。国歌についてもそうでしたが、要するに「国歌にしても校歌にしても、自分の国や自分の学校の歌を歌うのだから、その歌に敬意を表するのは当たり前だ」というような指導でした。

前に勤務していた私立小でも「校歌は気をつけの姿勢で歌いなさい」と指導していました。今の勤務校は「校歌は休めの姿勢で歌いなさい」という指導ですが、いずれにしても校歌を歌う時はじっとして歌うように、という指導でした。「ふらふらしながら歌っていいよ」とは指導しませんでしたし、もしふらふらしている子がいたら何か言っただろうと思います。

ところが、（同僚の養護教諭が教えてくれたのですが）先日の終業式でこんなことがあったそうです。

終業式の時はマイクやマイクスタンドを出すのですが、これは放送委員会の子どもが行っています。式の最中、誰か一人は放送室にいて、何かあった時に備えるのも放送委員の仕事です。

終業式では校歌を歌います。通常であれば校歌の最中、放送室に残っている放送委員は放送卓の前に座ってじっとしているのですが、その日、放送室に残っていた子ども（A君としておきましょう）は、違いました。

A君は、自分のことなんて誰も見ていないだろうと思ってのことでしょうが、校歌が始まったら曲に合わせて踊りだしたというのです。そのときのことを養護教諭は次のように語ってくれました。

「最初、それを見つけた時は（え！　校歌の最中なのに？）と思ったんですよ。だって、それはそうじゃないですか。校歌ですよ？　これ、誰か他の先生に見つかったら彼が怒られちゃうかな、止めた方がいいかな…とも思ったのですが、見ているうちに考えが変わりました。その踊りが何と言うか…すごくよかったのです。考えていたわけではなくて、その場で彼が曲に合わせて体を動かしていたのだろうと思うのですが、歌詞に合わせたキレッキレの踊りだったのですよ。盛り上がるところではだんだんと手を上にあげていくところとか、ちょっと感動的なくらいでした。終業式が終わった後、A君に『すごくよかったよ！』と言ったら『うわ、黒歴史、つくっちゃった』と言われましたけど」

いかがでしょうか。この話を聞いた時、これは私のような「校歌とはじっとして歌うものだ」という常識に囚われた人間には絶対にできない「校歌への敬意の表し方」だな、と感じました。

「自分の学校の歌を歌うのだから、その歌に敬意を表すべきだ」というのが正しいとして、では、その敬意の表し方が「じっとして歌うこと」でなければならない理由はあるでしょうか。ないでしょう。A君のように踊ることで校歌に対する感情を表に出すやり方だって、あっていいだろうと私は思います。

非常識？　そうかもしれません。しかし、もう一度、書きますが、「常識に囚われた人間には絶対にできない」ことというのがこの世の中にはあるのです。そして現代は、それこそが、いい意味で非常識であることこそが求められている時代と言ってもよいのではないでしょうか。

なぜ非常識であることが求められるのか。一つの答えは、これまでの常識では考えられないような結果をもたらすテクノロジーが登場したから、です。そう、生成ＡＩです。進化が非常に早いので書籍に生成ＡＩのことを書くのはためらわれるくらいなのですが、この原稿を書いている時点で、ノートに書いた算数の問題を生成ＡＩに見せて（＝カメラを向けて）「この問題、ちょっと難しいんだ。解き方を教えてくれる？」と聞くと淀みない音声でアドバイスをしてくれるくらいにはなっています。下手な家庭教師より役に立つかもしれない、そんなテクノロジーはこれまでありませんでした。

これまで、家で勉強している時にわからないことがあったら「家族に聞く」「家庭教師に聞く」「参考書を見て調べる」「YouTube で何かないか探す」「あきらめる」といった選択肢が常識でした。しかし、今は「ＡＩに聞く」という非常識な選択肢があるわけです。

あるいは、先日、こんなことがありました。韓国から十数人の学校の先生が参観にいらっしゃった時のことです。皆さん、ワイヤレスのヘッドセットをつけていて、私が何か話すと、同時通訳の方が即座に訳していました。ところが私の授業、はじめこそ私が話しますが、子どもの活動の時間になったら私は黙ってしまいます。そうなると同時通訳することがなくなってしまい、ヘッドセットからは何の情報も流れてきません。

するとどうなったか。先生方はスマホを取り出し、ＡＩを起動させて、スマホに向かってボソボソと話すと、自分の話したことが日本語に訳された画面を子どもに見せてインタビューしたのです。見せられた子どもは日本語でボソボソと答えます。するとそれがハングルに訳され、それを見た先生がまたボソボソとスマホに話します。それを見て子どもが答え…というやり取りが教室のあちこちで行われたのです。

これまでは「グループに一人ついている同時通訳の話すことを聞くしかない」のが常識でした。しかし、今は「各自がＡＩで子どもとコミュニケーションする」という非常識な、しかし極めて効率的な手法が現れているのです。

生成ＡＩというテクノロジーを巡る状況一つ取っても時代は大きく変わっているのです。私も改訂に携わった文部科学省「初等中等教育段階における生成ＡＩの利活用に関するガイドライン」Ver.2には、以下のような文があります。

> 児童生徒の学びにおいては、学習指導要領に示す資質・能力の育成に寄与するか、教育活動の目的を達成する観点から効果的であるかを吟味した上で利活用するべきであり、生成ＡＩを利活用することが目的であってはならない。

こういう文章を読むと、いかにも抑制的で、「なんだか生成ＡＩなんて使っちゃいけないのだろうな」と思いがちかもしれません。あるいは「新しいことに取り組むなんて面倒だ」「厄介なことは増やしたくない」という前例踏襲主義の人にとっては非常に都合のよい文章で、「文部科学省だって『生成ＡＩを利活用することが目的であってはならない』と書いているではないか」などと宣うかもしれません。

しかし、その文部科学省の「初等中等教育段階における生成ＡＩの利活用に関する検討会議」の委員だった私に言わせれば、先の文はこう読み替えればいいのです。

「児童生徒の学びにおいては、学習指導要領に示す資質・能力の育成に寄与するか、教育活動の目的を達成する観点から効果的であるかを吟味すればよい」

そうなのです。そこさえ押さえれば、生成ＡＩは積極的に使っていいのです。ですから考えてみましょうよ。**果たして我々は前例踏襲主義でいいのでしょうか。これまでの常識に囚われていていいのでしょうか**。いや、よくないでしょう。

しかし、学校は何かというと前例を踏襲しがちな組織です。校務分掌を引き継いだら、まずは前の担当者が作成したファイルを複製して日付を変えるところから始めることも多いでしょう。（そして、恐ろしいことに日付以外は何もいじらないでも何とかなってしまうこともあるでしょう。）そういう環境である学校に身を置く人間にとって、常識に異を唱えることは非常にハードルが高いことかもしれません。

「でも、そこを何とかしましょうよ。常識を疑って、教育を前に進める非常識を考えましょうよ」

そんな思いがこの本を書く原動力になりました。ただ、「常識を疑う」ということは、往々にして「常識に則ってやってきた人を疑う」ということでもあります。結果、この本を出すことで私は盛大な批判に晒されるかもしれません。これまで仲良くしていた人と仲違いすることになるかもしれません。それどころか敵を増やすことになるかもしれません。

まあ、仕方ないです。この業界に一人くらい、こういう劇薬を放り込める人がいてもいいでしょう。では、長い「はじめに」の最後に、我々を勇気づけるバーナード・ショウの言葉を。

「合理的な人間は世界に適応しようとする。不合理な人間は世界を自分に適応させようとする。だから、進歩は常に不合理な人間に依存している」

2025年2月

鈴木秀樹

CONTENTS

はじめに …… 003

第1章
これまでの「常識」を捉え直す4つのヒント

ヒント1 「教育」とは何か …… 018
ヒント2 「学校」とは何か …… 022
ヒント3 「子どものせい」にしない …… 026
ヒント4 「できない理由」を探さない …… 030

Column ガイドラインにも非常識な一文？ 034

第2章 授業に悩んだ時に立ち返りたい40の疑問

マインドセット

疑問1 「隠されたカリキュラム」はすべて正しいのか？ …… 038
疑問2 「消極的な子ども」をマイナスに捉えていないか？ …… 042
疑問3 「なぜ勉強するのか」に答えられるか？ …… 046
疑問4 「学習規律」はなぜ必要なのか？ …… 050
疑問5 よい学級経営の「方法」だけを真似していないか？ …… 054

CONTENTS

教材・教具・指導方法

疑問6　紙の教科書の「難しさ」を見落としていないか？……058

疑問7　デジタル教科書を過信していないか？……062

疑問8　板書は「デフォルト」か？……066

疑問9　ペーパーテストは成果を測定するのに最適か？……070

疑問10　ドリル学習はどんな力をつけるために行っているのか？……074

ICT・AI活用

疑問11　「ICTを使わせない」は疑問の余地なく間違いである……078

疑問12　そもそもなぜICTなのか？……082

疑問13　「生成AIなんて使わせない」は、どうか？……086

疑問14　「生成AIどんどん使わせよう」は、どうか？……090

疑問15　「生成AIは不正確だからダメだ」は、どうか？……094

疑問16　生成AIで子どもは楽をしようとするものなのか？……098

疑問17 特定アプリに頼るか？　様々なアプリに手を広げるべきか？……102

授業研究

疑問18 指導書の生かし方はわかっているか？……106
疑問19 学習指導要領は絶対なのか？……110
疑問20 指導案の作成に時間をかけ過ぎていないか？……114
疑問21 美しい言葉で学校研究をごまかしていないか？……118
疑問22 データなしで授業研究をしていないか？……122
疑問23 特別支援の視点のない授業研究に価値はあるか？……126
疑問24 協議会で授業者が辛くなっていないか？……130
疑問25 生成ＡＩの活用なしに授業研究はできるだろうか？……134
疑問26 研究会講師を信じていいのか？……138
疑問27 実りある講演会の聞き方になっているか？……142

CONTENTS

情報発信・情報収集

疑問28 「教員が書いた本」は本当にすべて役に立つか？ …… 146
疑問29 専門家の本はすべて正しいのか？ …… 150
疑問30 有識者の言説は常に正しいのか？ …… 154
疑問31 附属学校の研究にはどんな価値があるのか？ …… 158
疑問32 「それは附属だからできるのではありませんか」は正しいのか？ …… 162
疑問33 「こうすればうまくいく」実践発表でよいのか？ …… 166
疑問34 ＳＮＳはどう有効活用するべきか？ …… 170
疑問35 セミナーは対面か、オンラインか？ …… 174

その他

疑問36 教師としてどのような在り方を目指すか？ …… 178
疑問37 伝統は守り続けなければいけないのか？ …… 182
疑問38 コミュニティに所属する目的は？　そのままで達成されるか？ …… 186

疑問39 お金の話はタブーなのか？……190
疑問40 「負け」「失敗」は許されないのか？……194
おわりに……198
参考文献一覧……203

第1章

これまでの「常識」を捉え直す4つのヒント

ヒント 1

「教育」とは何か

答えのわからない問いに立ち向かうこと。確定的な答えが出ないと予想される問いに立ち向かうこと。
それは厳しく辛い道のりではありますが、大切なことでもあります。特に、「教育」に携わる仕事に就いているのであれば。

教育とは何か

何十年も前、私が大学院生だった時の話です。それはギリギリ昭和だったのですが、その頃の大学院において、教授は学生に対して見事に何もしてくれませんでした。

いや、さすがに「何も」は書き過ぎかもしれません。授業はあって、そこに教授がいることはいました。授業はだいたい院生の発表があって、その発表が終わると今度はそれに対しての院生たちによる議論。教授は最後の最後でちょっと何かを言うだけ。実働５分あったかなかったか。

そういう環境だと、自ずと院生の中には「自分たちで学んでいかなければ仕方ないよな」という雰囲気が生まれ、週に1回、「三田教育学会」と称して研究室に集い、侃々諤々の議論をするというのが通例でした。（間違いなく、その研究会での議論が大学院時代で一番の勉強になりました。）

教育学といってもいろいろな切り口で研究している人がいましたから、議論が噛み合わないこともなくはなかったのですが（教育哲学の人が教育心理学の人に「『統計的に有意』なんて信用できない！」と噛みつくとか）、ちょっとした学際的な雰囲気がありました。

そんな中で全員がそれぞれの立場から熱く語り合ったのが「教育とは何か」というテーマだったように思います。

確固たる定義はないからこそ

さて、みなさんは「教育」をどう定義されるでしょうか。

試みにChatGPTに「古今東西の教育学者、哲学者、思想家等の「教育」の定義のうち代表的なものを10個あげてください」と聞いてみました。誰をあげてきたか、だけ書いておきましょう。

ソクラテス、プラトン、アリストテレス、ジャン=ジャック・ルソー、ジョン・ロック、ヨハン・ハインリヒ・ペスタロッチ、ジョン・デューイ、パウロ・フレイレ、孔子、マリア・モンテッソーリ。

教職課程の「西洋教育史」で出てきそうな名前のオンパレードです。それぞれの思想についてここでは触れませんが、これだけ名前があがってくるということは、次のことは言えるでしょう。

「教育とは何か」という問いを人間は長い時間をかけて問い続けているが、その確固たる答えは見出されていない。

そうなのです。「教育」については数多の定義がありますが、万人が納得するような確固たる定義はないのです。そして、それはこれからもずっとそうでしょう。それは何を意味するか。「教育」に携わる我々は、この仕事に携わる限り、ずっと「教育とは何か」を問い続けざるを得ないのです。

私自身は村井実の定義を取ることにしていますが、「この定義を取る」と自らの立場を決めてしまえば、それで「教育とは何か」という問題から離れられるわけではありません。今も「本当にこの立場でいいのか」と問い続けていますし、その問いは「この立場でいいとして、自分の今日の授業はそれを実現したものになっているか」「もっといい授業ができたのではないか」「そのためには何をすればいいのか」といった新たな問いを生み出し続けています。

それは厄介なことではありますが、マイナスに捉えるべきことではありません。「教育とは何か」という問いに常に立ち向かうこと。それによって我々は自らの教育を改善させていくエネルギーを得ることになるのですから。

ヒント 2

「学校」とは何か

学校。教師にとっては職場であり、自分のアイデンティティの源でもあります。
それだけ確固たる存在である「学校」を疑うことなどなかったかもしれませんが、この書籍ではこの存在も疑ってみたいと思います。「学校」の存在を疑うことから見えてくるものもあるのです。

学校とは何か

「『教育とは何か』という問いが深いのはわかるけれど、『学校とは何か』って、そんなもの決まっているだろう」という声が聞こえてきそうですが、私は別に法律でどう規定されているかという話をしたいわけではなくて、学校の性質について考えたいのです。

この学校の性質ということになると、私はイヴァン・イリッチの『脱学校の社会』[1]を思い出さずにはいられません。学びの制度化に鋭く警鐘を鳴らしたこの書籍の中でイリッチは学校を次のように定義します。

「私は『学校』を、特定の年齢層を対象として、履修を義務づけられたカリキュラムへのフルタイムの出席を要求する、教師に関連のある過程と定義する」

これを私なりに意訳するとこうなります。

「学校とは、いつ、どこで、誰が、誰から、何を、どうやって学ぶかが定められているところである」

1　イヴァン・イリッチ（東洋・小澤周三訳）『脱学校の社会』（東京創元社、1977）

いかがでしょうか。確かに現代の学校は、そうした性質を備えていると言えるのではないでしょうか。

イリッチの主張は、「学び」はこの定義のようにガチガチに定められた環境でしか得られないわけではない。学校に行くこと＝学びであるといった思い込みを脱しよう。学びは本来、もっと自律的なものであるはずだ。そういうものであると私は理解しています。

この本を初めて読んだ頃は「そうは言っても、では学校ではないところの学びってどういったものだ？」というのがうまく想像できなかったのですが、今や我々は「いつ、どこで、誰が、誰から、何を、どうやって学ぶか」という枠が外せるということを、体験を持って知っています。そう、新型コロナウイルス禍によってです。

私の勤務校はあの休校の時、大急ぎで全児童・教職員にマイクロソフトアカウントを配付して「Teams」を活用したオンラインによる学習支援を行いました。

そこでわかってきたのは、「学校でなくても学びは実現できる」ということでした。同期型のオンライン授業でなくても、非同期でメッセージを送り合うだけでも学習を進めることはできる。子どもたちは自分で学ぶことができる。そうした子どもの活動を画面上で確認することができました。「いつ、どこで」が崩れた瞬間だったと言っていいでしょう。

枠は外せる

考えてみましょう。外せる枠は「いつ、どこで」だけでしょうか？「誰から」はオンラインで学べる教材がいくらでもありますから、これも外せます。「何を」は、学習指導要領の縛りはあるものの、実はカリキュラム・マネジメントでかなり柔軟に組み替えられる部分があります。生成ＡＩが急速な進歩を遂げる中、「どうやって」に「生成ＡＩと対話しながら」という学習方法を取り入れられる時代はすぐそこまで、いや、もう来ていると言っていいでしょう。

もちろん枠を外すためには乗り越えなければならない壁がいろいろとあるのは間違いありません。しかし、**これまで「これは絶対的な枠で外すことはできない」と思っていたことも、実は外せる可能性があるのです**。この外せる可能性を検討することなしに「これは絶対」と思い込んでいたことが、子どもの学びを不自由なものにしていたことはなかったでしょうか。

本書ではそうしたことを一つひとつ検討していきたいと考えています。そこに子どもの学びを自由なものにする可能性があると思うのです。

ヒント 3

「子どものせい」にしない

授業が意図通りに進まなかった時、学級経営がうまくいかなくなった時、子どもたちの活動が何かと停滞するようになった時、それは誰のせいでしょうか。そう、もちろん教師の責任です。しかし、そうは考えられていないことがありはしないでしょうか。

責任はどこにあるのか？

当然のことですが、我々は何らかのねらいを持って授業を行っています。それは「三角形の面積の求め方の考え方を使って、四角形の面積の求め方を説明できるようにさせたい」であったり、「『大造じいさんとガン』の終盤、大造じいさんはなぜ銃をおろしたのか、自分の考えを持ち、根拠を持って説明できるようにさせたい」であったりするわけですが、授業を通して子どもに何らかのポジティブな変化が起こることを期待して授業を行っているのは間違いありません。

となると、当然その授業実践を評価するには子どもにどのような変化が起こったかを何らかの方法で測定することになります。授業中の発言、ノートに書いたこと、ふり返りの内容、そういったことを見て、子どもにポジティブな変化が起こっていれば「授業のねらいを達成した」となるでしょうし、そうした変化が見られなければ「授業のねらいを達成できなかった」ということになるでしょう。

これ、当たり前のことですよね？　しかし、実際にはそうは考えていない場合がありはしないでしょうか。

私の勤務校には毎年、大勢の教育実習生がやって来ます。各クラスに4~6人、学年で15人くらいの学生が配当されて教育実習を行います。実習の終盤には、その学年に配当された実習生のうち一人が研究授業を行い、協議会を行います。その協議会で、同僚が学生に怒ったことがありました。

「さっきから聞いていれば君たちは『子どもたちが授業者の指示通りに活動できなかった』『この活動を行うには子どもたちの前提となるスキルが十分ではなかった』というように、まるで子どもが悪いかのような言い方をしているが、それは違うだろう」

そう、子どもが活動できなかったのは授業者の指示がダメなのだし、スキルが十分でなかったことを見取れていなかった授業者に問題があるのです。同僚の指摘は実に的確なものでした。

さて、これは教育実習生だけの話でしょうか。残念ながら、そんなことはないように思います。できないことを子どものせいにするような教師の物言いを聞いたこと、一度や二度ではありません。

GIGAスクール構想が始まり子どもが一人一台のタブレットを手にしてすぐの頃、ある小学校でタブレットを活用した授業を見させていただいたことがありました。その授業では、先生が授業中に何度も「はい、端末を開きなさい」「はい、端末を閉じなさい」と指示を出していました。しかし、教師が指示したタイミングで作業が終わっている子どもばかりではありませんから、当然、そんなにパッと閉じたり開いたりはしません。（まあ、そうなるよな）と思って授業を見ていたのですが、協議会でこんな意見が聞かれました。

「このクラスの子どもたちは学習規律が乱れているのではありませんか」

いやいや。学習規律ということ自体、疑ってかかった方がいいことではありますが、タブレットを開きっ放しの子がいたのは授業者の指示に問題があるからです。それを、まるで子どもに問題があるかのような物言い。ビックリしました。

しかし、**授業をする教師の足元には「自分はきちんと教えているのだ。できないのは子どもが悪い」と考えてしまう落とし穴が開いている**のではないでしょうか。そう考えてしまえば、悪いのは子ども、自分が悪いわけではない。自分に責任があるわけではない。そういうポジションに逃げ込むことができるのですから。

しかし、その落とし穴にはまったら、這い上がってくるのは大変です。辛くても苦しくても「子どもにポジティブな変化が見られなかったら、それは教師の責任」と考えねばならないでしょう。

ヒント 4

「できない理由」を探さない

こんなタイトルの書籍を手に取った時点で、あなたは相当な勇気の持ち主であるように思うのですが、教育現場では間違いなく大きな勇気をもつ必要があります。

それはどういった勇気か。そう、「変えようとする」勇気を、です。

変えられないことと変えられること

ラインホルト・ニーバーの祈りの言葉を知ったのは大学生の時でした。

「神よ、変えることのできないものを静穏に受け入れる力を与えてください。

変えるべきものを変える勇気を、
そして、変えられないものと変えるべきものを区別する賢さを与えてください」

私はキリスト教徒というわけではないので神に祈ることはしませんが、この言葉は長く自分が教育を考える上での指針になっています。

仕事をしていく上での困難が生じた時に考えるのです。「これは自分に変えられることだろうか、変えられないことだろうか」と。

極端な例を書きましょう。クラスの子が重い病気で大手術を受けたことがありました。「重い病気を治す」ことは、私にはできません。「変えられないこと」です。しかし、彼が長い休みを終えて教室に戻ってきた時に困らないような環境を整えることは、私にできることであり、すべきことです。

というように考えていくと、私が仕事でぶつかった困難のほとんどは「変えられること」でした。中には「変えるにはかなりの勇気を必要とする」ものもありましたが、でも「変えられること」だったのです。

クラスの中で深刻ないじめが起こった時も、自分の学級経営に真っ向から反発する子どもがいた時も、保護者から強烈なクレームが入った時も、いつも自分の中に変えるべき部分があり、それは変えることにかなりの困難を要求されるとしても変えられないことというわけではありませんでした。

であれば、そこはやはり勇気をもって変えていかねばならないでしょう。

できない理由を探すか、変える勇気をもつか

しかし、どこの世界でもそうなのだろうと思いますが、教育現場でもこの「勇気」をもてない人が一定数いることは否めません。別の言い方をすると「できない理由を探す人」です。

「教科書をデジタルに変える必要はない。紙の教科書で勉強した方が記憶に残る。そういう研究結果もある」「生成ＡＩを教育現場に持ち込む必要はない。ハルシネーションを

起こすようなものを授業で使えるわけがない」というように。

そうした説を宣って「変えられること」を「変えられないこと」であるかのように振る舞う人には考えてほしいのです。「**あなたがそれを『変えられないこと』にしてしまうことで、子どもたちが背負うリスクをどう考えているのですか**」と。

読みに大きな困難がある子がいたとします。その子は、紙の教科書では読むことができませんが、学習者用デジタル教科書の音声読み上げ機能を使えば内容を理解することができます。保護者はそのための費用を負担してもいいと言っています。それなのに「公平性が保たれない」と言って利用を認めない学校や教育委員会があったとしたら、その判断にどんな妥当性が見出せるというのでしょうか。

結局、「できない理由を探す人」は、変化によって生じる苦労や、変化によって起こったトラブルの責任を背負いたくないのでしょう。その結果、子どもに不利益が生じることよりも、自らの都合を優先しているのです。

この本は「できない理由を探す人」のための本ではありません。「変えられないものと変えるべきものを区別する賢さ」を手に、「変えられることを変えようとする勇気をもちたい」と考える人を応援するための本なのです。

Column

ガイドラインにも非常識な一文？

この本を書いている最中の２０２４年12月26日に文部科学省から「初等中等教育段階における生成ＡＩの利活用に関するガイドライン」が発出されました。２０２３年７月のVer.1.0はついていた「暫定的な」という言葉や、右上についていた「機動的な改訂を想定」という但し書きが取れましたから、しばらくはこれでいこうということなのでしょう。

この改訂を担ったのが「初等中等教育段階における生成ＡＩの利活用に関する検討会議」で、私もその委員の一人でした。（委員を務めるにあたっての思いについては疑問30を御覧ください。）改訂にあたって、自分の発言がどれほど貢献したか（あるいは足を引っ張ったか）はわかりませんが、完成したガイドラインを読み直すと、当然のことながら「そうそう、これを入れられたのはよかったよね」という部分もあれば「こういうことじゃないんだけどなぁ…」という部分もあります。そんな中で、「ちょっと面白いことになったな」ということをご紹介しておきましょう。

「学習場面において利活用が考えられる例、不適切と考えられる例」というコーナーがります。これはVer.1.0の時にもあったのですが、こうした具体例をあげるとどうしてもそこに引っ張られてしまうので、原理原則を載せるだけにして例示はやめた方がいいのではないかと私は思っていたのですが（そして会議でもそのように指摘したのですが）Ver.2.0でもしっかりと残りました。

中でも「これ、違うのにな」と思っているのが「不適切と考えられる例」の「各種コンクールの作品やレポート・小論文等について、生成ＡＩによる生成物をほぼそのまま自己の成果物として応募・提出する」です。「いやいや、それ不適切なのは生成ＡＩを使えば何とかなってしまう課題の方でしょう？」とあちこちで言ってきた私としては到底、受け入れられるものではありません。

それに、我々が「各種面倒くさい仕事をこなすのに生成ＡＩによる生成物をほぼそのまま使って終わらせる」ことができたら、それは「業務の効率化・働き方改革の実現」と言われるわけですよね？

それなのにどうして子どもはダメなのでしょうか。「自分が特に興味を持っているわけでもない課題は生成ＡＩでチャチャッと終わらせて、本当に自分が取り組みたいことのために時間を確保する」というのは、生成ＡＩ時代を生きる子どもたちのライフハックとして正しいのではないでしょうか。

というような「非常識」がガイドラインに掲載されるわけもなく、「不適切と考えられる例」は残ったのですが、今回のガイドラインには（目立たないかもしれませんが）新たにこんな一文も入っているのです。

なお、学習課題やテストの内容によっては、児童生徒が生成AIを用いることで簡単にこなせる可能性があることも前提に、課題の内容等を吟味することや、問題の本質を問うこと、深い意味理解を促すことを重視した授業づくりを行うことも期待される。

いかがですか？　言葉は硬いですが、これって「生成ＡＩで何とかなっちゃう課題の出し方、考え直した方がいいですよ」という話だと思いませんか？

いや、もちろん文部科学省はそんな書き方はしていなくて「期待される」という抑制的な文言で終わっているわけですが、文部科学省の真面目なガイドラインに入った非常識要素を含んだ？一文、大切にしていきたいな、と思っています。

第2章

授業に悩んだ時に立ち返りたい40の疑問

マインドセット

疑問 1

「隠されたカリキュラム」はすべて正しいのか？

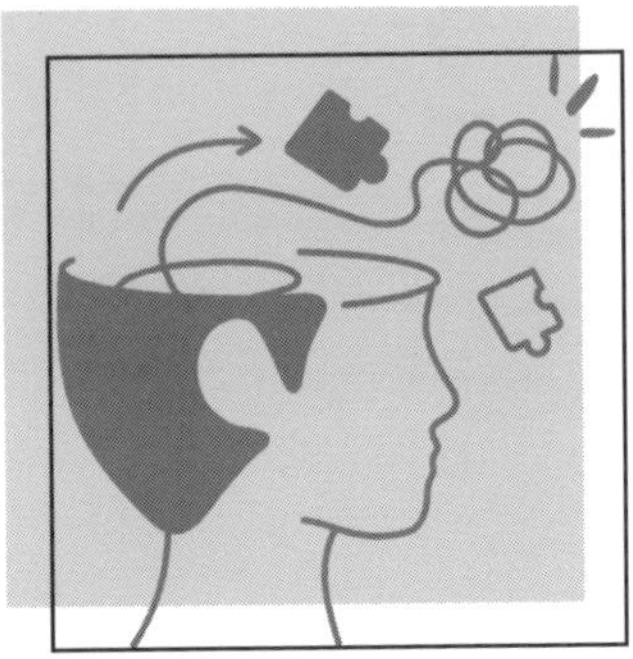

学校は、公式のカリキュラムにおいては「国語」「社会」といった学問的内容を教えているわけですが、実は同時に「社会的規範」とか「望ましい態度」などを教えています。
こうした「隠されている」けれど、行われているカリキュラム」には、疑ってかかった方がいいものがありはしないでしょうか。

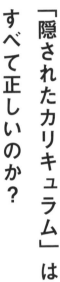

隠されたカリキュラム？

「隠されたカリキュラム（Hidden Curriculum）」はフィリップ・W・ジャクソンが提唱し、その後、マイケル・アップルらが発展させた概念ですが、どんなものがあるか、ちょっと考えてみましょう。

たとえば、朝礼。みんなで並んで大して面白くもない話をいい姿勢で聞いていなくてはならない。これは「権威への服従」を教えている面があるだろうと。また、子どもたちは「自分の社会的地位や役割を受け入れること」を学ばされているのかもしれません。

あるいは通知表やテスト。そこから子どもたちは「競争」を重視するようになるし、「個人の成果が最も重要」と考える文化に適応することを学んでいる。そんな風に捉えることができるかもしれません。

他にも見直してみれば学校教育にはたくさんの「隠されたカリキュラム」がありますが、私はそのすべてが間違ったものであるとは思っていません。たとえば、授業の中で「グループで話し合う場面」がありますよね。あそこから子どもたちは「一人ではできないことも協力すればできることがある」と学んでいるでしょう。これは悪いことではないと私は思います。

ただ、「隠されたカリキュラム」によって社会的不平等が暗黙的に再生産されることもあって、アップルはその辺を問題視していたと私は理解しています。

授業の中の隠されたカリキュラム

授業にも「隠されたカリキュラム」はあるでしょうか。もちろん、あると考えるべきでしょう。

国立の附属小の教員という立場なので、公開授業を行うことがしばしばあります。また、広く公開しないまでも、授業を視察しにいらっしゃる方も多くいらっしゃいます。国語の授業を見ていただくことが多いのですが、その後によく驚かれるのが「国語の授業なのに、子どもの机の上にはタブレットしかないのですね！」ということです。

そう、私の授業ではそれがスタンダードです。教科書は学習者用デジタル教科書に入っていますし、それに必要なことを書き込んだり、別にWordやPowerPointを使って子どもにアウトプットさせたりしていますから、それ以上の文房具は特段必要ないのです。

では、なぜその形が驚かれるのか。それは「国語の授業は紙の教科書を開き、ノートに鉛筆で書いていくのがスタンダードだ」と思われているからでしょう。長年にわたって行われてきた国語の授業には「国語は紙の教科書で学ぶものだ」「紙のノートに鉛筆で書かなければ国語の力はつかない」というようなことを教える側にも教わる側にも思わせる「隠されたカリキュラム」があるのでしょう。**そうした常識に疑いの目を向けていく上で「隠されたカリキュラム」の存在に目を向ける**ことは非常に重要です。

常識

・国語の授業は紙の教科書を開き、ノートに鉛筆で書いていくもの。

非常識

・教科書はデジタルでもいい。
・ノートもタブレットで事足りる。
・「鉛筆で書く」活動、なくても学習できるでしょう？

疑問 2

「消極的な子ども」をマイナスに捉えていないか？

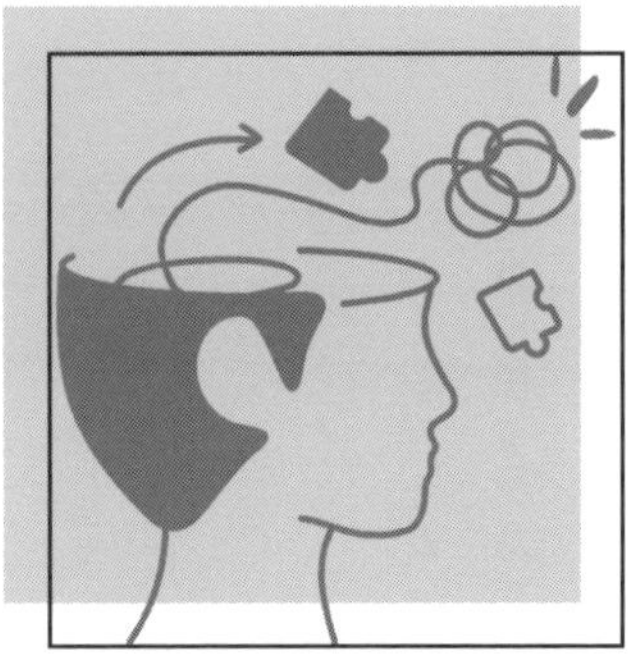

積極的と消極的。子どもの姿として、どちらの方がよしとされるかと言えば、それはもちろん積極的の方がよしとされるのが普通でしょう。
しかし、それは正しいことなのでしょうか。消極的という言葉を教育で使う時、本当に消極的なのは誰なのでしょうか。

積極的が正義イデオロギー

「あの子は積極性が足りない」「あの子は大切な場面で消極的なのが残念だ」

児童生徒を評してそのように教師が言うこと、ないでしょうか。自戒を込めて書きますが、私は言っていました。個人面談の時にも「お子さんはもう少し積極的になってくれるといいのですが」みたいなことはよく言っていたように思います。

なぜ積極的であることがプラスとされ、消極的であることがマイナスと捉えられるのでしょうか。この「積極的が正義イデオロギー」はどうして生まれたのでしょうか。

私は「積極的な方が教師にとって都合がいいから」ではないかと疑っています。たとえば授業で教師が何か発問して、シーンとするよりかは「ハイハイ！」と手が挙がる方が教師にとっては楽です。あるいは「絶対、クラスから誰か出さなければならない委員会活動」を決める時、誰も手を挙げないより「ハイハイ！」と手が挙がる方が教師にとっては楽です。それだけではないとは思いますが、その傾向、あるのではないでしょうか。

しかし、よく考えてほしいのです。消極的であることは本当にマイナスなのでしょうか。そして、消極的なのは、本当は誰なのでしょうか？

それ全部…

既に終了してしまいましたが、NHKの「ウワサの保護者会」という番組の取材を受けたことがあります。その時のテーマは「うちの子、消極的!?」でした。お子さんが消極的で悩んでいるという保護者の悩みを聞く流れで番組が進んでいくのですが、その中で私のクラスの実践が取り上げられました。

どのようなものだったか。扱われたのは、社会の授業で私が「これについてどう思う?」と問いかけた後の子どもたちの姿でした。タブレットを開き、猛烈な勢いでキーボードを叩く子どもたち。Teamsを介してあっという間に100件近い意見が集まりました。

その後、子どもたちに聞いてみると「発言するよりチャットの方がいい」という意見の子が9割。「文字を書いた方が発言するより緊張しない」「みんなの意見が必ず書いてあるから勇気をもって書ける」そんな意見が寄せられました。

そうなのです。**消極的なように見えても、子どもたちはいろいろなことを思っている、考えているのです**。手も挙げないし発言もしないから見えにくかったかもしれないけれど、実は積極的に考えていたのです。

となると、消極的だったのは誰だったのでしょう？

私です。「子どもって積極的な子と消極的な子とその中間くらいの子に分けられるよね」と子どもをきちんと見ることもせずに何となく考えてしまっていた私です。私の子どもの見方こそ消極的だったのです。

消極的に見えたとしても、それはマイナスでもなんでもありません。その裏で子どもがどう考えているか、我々教師は積極的に見ていかねばならないのです。

常識

・子どもは、積極的な子と消極的な子とその中間くらいの子に分けられる。

非常識

・そうやって決めつける教師の見方こそが消極的。
・積極的に子どもを見ていくことが必要では？

疑問 3

「なぜ勉強するのか」に答えられるか？

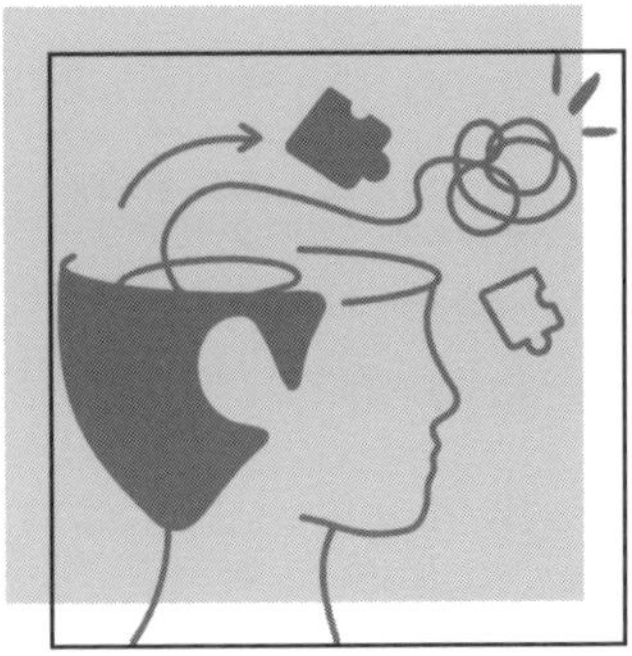

生成AIの登場が社会を変えつつあります。もちろん、学校教育もそれと無縁ではいられません。生成AIを非常に都合の悪いものと捉える方もいらっしゃるかもしれませんが、もう消すことはできないのです。
となると、このことを考えないわけにはいかないのではないでしょうか。

都合の悪い生成ＡＩ

　ある一定の層にとっては大変、都合の悪いことなのだろうと思いますが、生成ＡＩにはかなりのことができてしまいます。

　たとえば社会の先生が「授業で勉強した日本の工業生産の特色について、戦後から現在までの変化も含めてレポートにまとめなさい」という課題を出したとします。レポートが生成されるまでの時間はせいぜい５秒程度でしょうか。

　出てきたレポートを読んだ子どもが「こんな言葉は使わないな」「こんな言い回しはしないぞ」というところを修正して提出してきたら「生成ＡＩを使ったかどうか」を見抜けない場合も多いでしょう。あるいは、見抜けたとしても、そして「生成ＡＩなんて使ったらダメじゃないか」と注意したとしてもこう言われかねません。

「授業のまとめレポートなんて生成ＡＩを使えばサッと出力されるのに、どうして自分で書かなければいけないのですか？」

　問いはこれだけでは済まないでしょう。他の教科でもいろいろと言われることはありそうです。

「長い文章の要約なんて生成ＡＩにやらせれば一瞬なのに、どうして国語で『要約の方法』を学ばなければならないのですか？」

「適当なキーワードを放り込んで、曲調を指定すれば、生成ＡＩがサッと作曲して演奏もしてくれるのに音楽を勉強する必要ありますか？」

他にもいろいろとあるでしょう。そうした問いに我々はどう答えるべきでしょうか？

生成ＡＩに奪われるもの、奪われないもの

もっとも、こうした「なぜ勉強するのか」という問いが発せられるのは今に始まったことではありません。その度に教師は「将来、役に立つからだ」とか「君の将来の選択肢を広げるためには必要だ」といったことを言ってきたわけですが、生成ＡＩはそうした答えの多くを無力化していくでしょう。

たとえば英語。異論はあるでしょうが、生成ＡＩの登場で「英語の技能を身につける」という意味での教科英語の役割は終焉を迎えたと考えざるを得ません。読むことも書くことも聞くことも話すこともすべて生成ＡＩがやってくれるのですから。どれだけ英語を学

ぶことの必要性を説いても、子どもは納得しないでしょう。

しかし、インタビューを受けて英語で答える日本人メジャーリーガーの姿に憧れて「カッコいい！　自分も英語で会話できるようになりたい！」と考える子の「英語を学びたい！」という想いは、誰にも否定することはできませんし、消すこともできません。**必要性は生成ＡＩにどんどん奪われていきますが、「好き」は奪われない**のです。

さあ、では我々はこれまでの授業で、子どもの「好き」をどれほど大切にしていたでしょうか。「教育課程」という言葉を隠れ蓑にして、子どもの「好き」に蓋をしてはこなかったでしょうか。ここにも今までの我々の営みを疑う余地があるのです。

常識

・「なぜ勉強しなければならないのか」の答えは必要性を説けば何とかなった。

非常識

・「必要性」は学ぶ理由にならない。
・「学びたい」という気持ちを大切にすることが求められている。

マインドセット

疑問 4

「学習規律」はなぜ必要なのか？

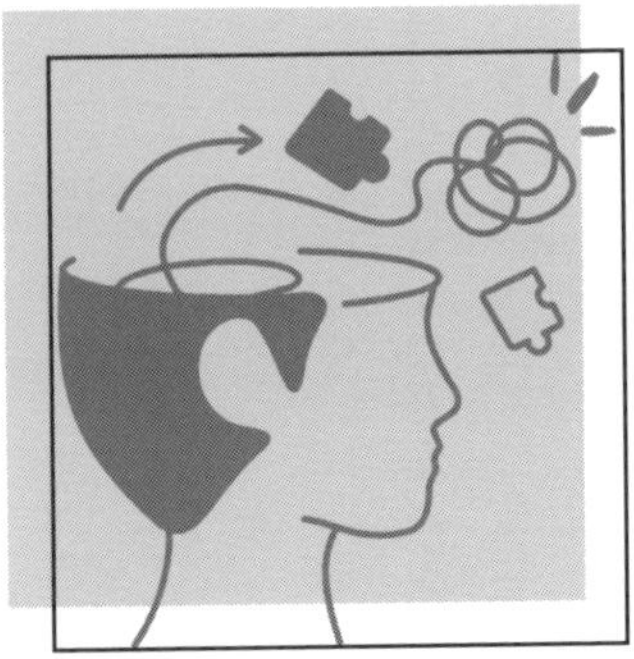

背中はピン、足はペタ、手はお膝。授業が始まる時には教科書とノートと筆箱を正しい位置に置き、大きな声で「よろしくお願いします！」、発言する時はまっすぐ手を上にあげて大きな声で等々。
そういう学習規律を子どもに強いるの、もうやめませんか？

学習規律に満ちた教室

「学習規律」と聞くと、何を思い浮かべるでしょうか。パッと思いつくのは、授業の準備、開始と終わりのあいさつ、話を聞く態度、発言のルール、椅子に座る姿勢等でしょうか。最近だと「タブレットを開く・閉じる」などもあるのかもしれません。

こうした「学習規律」が「スタンダード」として定められている自治体もあるやに聞くこともあるのですが、そもそもこうした「学習規律」はなぜ必要なのでしょうか。「学力向上に必要だ」「安定した学級経営には欠かせない」「協調性を育むことができる」「規律を守ることで責任感を養える」等々、答える人によって様々な答えが出てくるだろうと思います。さて、それらはすべて疑いの余地のないものなのでしょうか。

学習規律の問題点

「規律」と言うからには、「全員に同じことをさせる」わけでしょう。授業終わりのあいさつが「ありがとうございます」という子と「サンキュー」という子が混在していたら規律になりません。こういう規律はなぜ必要なのでしょうか。

第1章・ヒント2で書いたように、学校には「いつ・どこで・誰が・誰から・何を・どうやって学ぶか」が決められているという側面があります。この枠組みを維持するためには、ある程度の規律が必要でしょう。クラスのみんなが席につく時間がバラバラだったら授業を始めるのにも難儀します。「田中くんはきちんと座っているけれど、佐藤さんは床に寝そべっていて、鈴木くんは廊下にいる。渡辺くんはどこにいるかわからない」というのも先生は困るでしょう。ん？　困る？

そう、ここで私は学習規律にダウトをかけたいのですが、**数多ある学習規律の多くは実は教師の都合から生まれている**のではないでしょうか。教師が教えやすいように、教師が学級を掌握しやすいように、そうした意図から生まれたものなのではないでしょうか。

「違う！　学習規律にはこういうねらいがあるのだ！」というご意見はあるだろうと思いますし、それならそれで結構ですが、学習規律が子どもの学びにとっての枷になる場合だってあるだろうと思います。

現代の学校には多様な子どもが在籍しています。内閣府の資料によれば、35人学級の中には発達障害の可能性のある子が2.7人、特異な才能のある子が0.8人、不登校及び不登校傾向の子が4.5人、家で日本語をあまり話さない子が1人います。それが現代の学校です。そのすべての子どもに同じ行動を要求することに無理はないのでしょうか。

私は、無理があると思っています。逆に、枷となっている学習規律を緩めることで、学ぶことがぐっと楽になる子がいるのです。であれば、そこはもっと柔軟にできていいのではないでしょうか。

「それでは学級が乱れるのではないか」と聞かれたらどうするか、ですか?

「その程度で乱れるような学級経営はしていません」と答えますね。

・学習規律を守らせることが学級経営には大切だ。

常識

非常識

・一律の学習規律にどれほどの意味があるのか問い直すべき。
・学習規律を緩めることで学びやすくなる子がいないか確認を。

マインドセット

疑問 5

よい学級経営の「方法」だけを真似していないか？

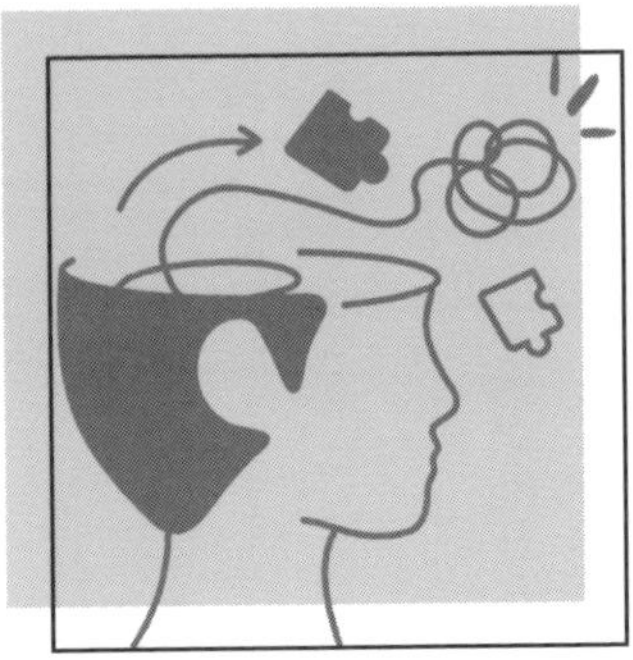

「学級経営」という言葉を初めて知ったのは大学生の頃だったでしょうか。当時は呑気に「儲けを出すわけでもないのに経営？　どういうこと？」と思ったものですが、これはかなり重要なことですよね。教育の多くの問題はここに収斂していくと言っても過言ではないでしょう。その学級経営について考えてみたいと思います。

絶対的な正解のない学級経営

公開授業後の協議会などで「やはり普段の学級経営がきちんとしているから、こういう授業を実現できているのではないか」というような声を聞くことがあります。

実際、それはそうなのだろうと思うのです。でも、授業者はその授業に向けていろいろと考えて指導案を練り授業を行っているわけで「その成果を普段の学級経営に収斂させるのもな…」と思うのですが、言いたくなる気持ちは、まあわかります。それくらい普段の学級経営は、授業に、と言うよりも、子どもの成長に大きな影響を与えます。それは間違いないでしょう。

厄介なのは、この学級経営こそ「絶対的な正解がない」ということです。学級を構成しているのは、その学級の子どもと教師です（もちろん、それを支える学校組織や保護者の存在等があって学級は成り立っているわけですが、今は話をわかりやすくするために「教師と子ども」に限りましょう）。

たとえば、非常に学級経営の巧みなベテラン教員がいたとします。何年生を担任してもうまくいく。前年に荒れたクラスを受け持っても何とかしてしまう。学校の中のスーパーマンみたい。そんな教師がいたとします。その教師がどのように学級経営を進めているかを事細かに観察すれば、恐らくいろいろな発見があるでしょう。

子どもたちに明確なビジョンを示している。子どもの納得感を獲得するルールをつくっている。トラブルが起こった時に公平な態度を崩さない。どんな時もユーモアを取り入れて話をする。あらゆる場面で子どもの主体性を引き出す工夫を怠らない…など。きっとたくさんの秘訣があるはずです。

さて、ではそのたくさんの秘訣を隣のクラスの若い教師が同じように実行することはできるでしょうか。それによって上手な学級経営が実現するでしょうか。

答えは恐らく否でしょう。なぜか。教師が違い、子どもが違えば、学級経営の手法も同じでいいはずがないからです。たとえば、子どもたちに明確なビジョンを示すこと自体は同じでいいかもしれないけれど、ビジョンそのものは、その学級の実態に合ったものでなければなりません。そこは、やはりその学級の担任が考え、実行していかねばならないところです。借りてきてできるものではありません。

ですから、私もここで「学級経営の肝はこれです」のような絶対的な正解を書くことはできません。ただ一つだけ、私ができるのは、**あなたが担任している学級の子どもたちは**

日々成長しているわけですから、あなたも成長を心がけましょうよ、と呼びかけることだけです。いろいろと下手なところの多い若い教師が、それでも子どもから慕われるということがあります。あれは、子どもたちなりに「この人は自分たちと同じ成長する人だ」と感じているからではないかな、と思うことがあります。

それが本当かどうかはわかりませんが、自分を成長させて悪いことはありません。これまでの自分の学級経営を疑って、新しい方法を試してみませんか。

常識

- 「学級経営をうまくいかせる手法」というものがあり、それを真似すれば何とかなる。

非常識

- 学級が違えば、同じ手法はそのままでは通用しない。
- 自分を成長させようとすることが何より大切。

疑問 6

紙の教科書の「難しさ」を見落としていないか？

教科書を疑うと言っても、書かれている中身を疑おうというわけではありません。教科書の形、フォーマットを疑ってみてはどうか、ということです。

まずは、長く使われてきた「紙の教科書」を疑ってみましょう。実はいろいろと問題があるように思っています。

優しくない紙の教科書

「紙の教科書」という言い方は、もちろん「デジタル教科書」と比較した上で使っているわけですが、ほんの数年前まで教科書と言えば紙が当たり前でした。そして、それは学校教育の中でかなり権威あるものであったと言ってよいと思います。何しろ、あの教科書検定を通ってきているわけです。内容の信頼度も高いし、「子どもは（紙の）教科書で勉強するのが当たり前」だったわけです。

しかし、今はデジタル教科書があります。特に学習者用デジタル教科書で学ぶ子どもたちの姿を見ていると、これまで当たり前に使ってきた紙の教科書が、実は数々の問題を含んでいたことに思い至らずにはいられません。

どんな問題があるのか。思いつくまま書き連ねていきましょう。

・文字の形を変えられない。
・文字の大きさを変えられない。
・文字の太さを変えられない。
・行間を変えられない。

・文字の色を変えられない。
・背景の色を変えられない。

この辺りは「何を言っているのだ。紙なのだから当然ではないか」と思われるかもしれませんが、その「当然」のことに苦しんでいた子どもが少なからずいたことに私たちは思いを馳せるべきです。ここにあげたことができないために「読む」ことに困難を抱えていた子どもは少なくありません。

・書き込みをしたら消すのが大変。
・切ったり貼ったりできない。

これも紙なのだから当たり前ですよね。教科書に赤鉛筆で間違えて書き込んだ時の修正の困難さは筆舌に尽くしがたいものがあります。切ったり貼ったりしたら…怒られますよね。紙の教科書の困難はまだまだあります。

・読み方がわからない時がある。
・挿絵が小さくて見づらい時がある。
・ノートに本文を書き写すのが面倒。
・自分で読まなくちゃいけない。

それ全部…

総じて紙の教科書は優しくありません。「紙で読んだ方が記憶できる。だから紙の教科書の方がいい」と宣う御仁もいらっしゃるようですが、そういう人は**覚えるとか何とか言う前に読めない子はどうすればいいと考えているのでしょうか**（もちろん何も考えていないのでしょうが）。

では、どうすればいいか。簡単です。さっき書いた紙の教科書にできないこと、デジタル教科書なら全部できますよ。

常識

・教科書と言えば紙。紙の教科書こそ学校教育の根幹。

非常識

・紙の教科書は優しくない。

疑問 7

デジタル教科書を過信していないか？

教科書のフォーマットを疑う第2弾のターゲットはデジタル教科書です。前の節であんなに持ち上げたデジタル教科書に疑うべきところなんてあるのでしょうか？　これがあるのです。デジタル教科書そのものが抱えている問題もありますし、デジタル教科書を取り囲む環境にも課題が山積しています。

優れモノではあるけれど

光村図書の国語の学習用デジタル教科書には「マイ黒板」という機能がついています。これは大変な優れモノで、画面の左側に本文、右側に黒板のようなものが表示されるのですが、本文を指やスタイラスペンでなぞると、それがパッと隣の黒板に付箋で表示されるのです。国語の授業では、どうしても「本文から抜き出して書く」という活動が多かったわけですが、「マイ黒板」を授業で使うようになってから、単純に教科書から抜き出して書かせることはなくなりました。その分、考えることに時間を割けるようになったので、学習効率も非常に上がりました。

「それならデジタル教科書、いいじゃないか。何を疑う必要があるのだ？」と思われるかもしれませんが、これ教科書ではなくてウェブページだったらどうでしょうか？　画面左にブラウザを開き、右にWordを開いておく。左のウェブページから右のWordに抜き書きしたかったらどうしますか？　そう、コピペしますよね？　ところが教科書では、本文をコピーして別の場所に貼り付けることが許されていません。「マイ黒板」は素晴らしい機能ですが、この制限を回避するための手段とも言えるのです。

日本の教科書はしっかりとつくり込まれている優れモノであると感じていますが、いろいろな制約があるのもまた事実で、「**せっかくデジタルなのにコピペができないなんて**」というようなことがあります。

各社のビューアが違うのも困るところです。各ビューアで共通のショートカットも用意されてはいるのですが、それだけで済む話ではないので教える方も学ぶ方も戸惑うことが少なくありません。

基本的な機能で性能差が大きいのも困ります。「国語ではスタイラスペンでかなり自由に手書きができるのに算数はダメだな」といったことがたくさんあります。

デジタル教科書だって教科書なのに…

しかし、そうしたことより何よりとにかく困るのが、教科書なのに無償でないことです。紙の教科書が無償なのに、なぜデジタル教科書は有償なのか。各社独自の工夫によって付属しているデジタル教材部分は仕方ないにしても、紙の教科書と同じコンテンツが収められているデジタル教科書部分くらいは無償にならないものかと思います。「昨年は学習者用デジタル教科書で勉強できたのに、今年は予算がなくて紙に戻ってしまった」という状況、おかしいですよね。

この問題が解決した暁には、是非とも全学年の子どもに全学年の教科書を配信してほしいものです。何しろデジタルなのですから、どれだけ教科書を持っていても重くなるわけではありません。6年生が「『合同』って4年生の時に学習したよね。どういうことだっけ？」と復習に使えることもあるでしょうし、2年生が「あ、4年生で読む『ごんぎつね』知ってる！」と興奮することもあるでしょう。それってかなり学びを広げることになると思いませんか？

常識

・学習者用デジタル教科書には機能に制限がある。
・学習者用デジタル教科書は有償。

非常識

・コピペができないなんて！
・各社の仕様が違いすぎる！
・無償にしましょうよ！

教材・教具・指導方法

疑問 8

板書は「デフォルト」か？

長く教育技術の中核として機能してきた「板書」。

「今日の授業のポイントは板書でしたね」

「どんな授業だったかひと目でわかるような板書がいい板書だ」

そういう発想、もう捨ててもいいのではないでしょうか。

板書はなぜ必要だったのか

板書は、長く教師が学習者に情報を伝達するための重要な手段でした。近代学校のスタートにおいては、教師が大切な情報はすべて持っていて、学習者はそれを受け取るだけでした。そうした中にあっては、教師が教室にいる大勢の学習者に向けて大量の情報を提示できて、なおかつ情報の更新や書き換えが容易なメディアが必要だったわけです。黒板は、この目的に実に適したメディアでした。

その後、教育の変化に伴って、黒板は「教師の持つ情報を学習者に伝える」役割だけでなく、「『学習者が何を考えたか』等の情報を全体で共有する」役割や、「学習のまとめを学習者が一覧できるようにする」役割等も担うようになりました。

いずれにしても、黒板は常に「教室全体での情報提供や情報共有を行うメディア」でした。ただ、情報を有効に提供したり、共有したりするためには、それなりの工夫が必要でした。板書が教育技術として重視されてきたのは、黒板が教室に存在する最も重要かつ利用頻度の高い情報提供・共有メディアだったからでしょう。こうしたことを考えれば、板書が重要な教育技術として扱われてきたことは当然であると言えます。

「板書」を問い直す

しかし、板書をめぐる状況は大きく変わりました。「教師の持つ情報を学習者に伝える」のであれば、たとえば資料の写真をグループウェアに送ればそれで済みます。その方が、学習者にとってみれば黒板に写真を貼られるよりずっと見やすいですし。「いや、情報を書き足しながら提示したいのだ」「いや、子どもの発言を共有したいのだ」というのであれば、それを実現できるアプリがいくらでもあります。

逆にICTの環境が整ってくると、板書の欠点が炙り出されてきます。まず時間がかかります。同じ文章を書くのに、タイピングと板書だったら「タイピングの方が早い」という人がほとんどでしょう。消すのもICTなら一瞬ですが、板書だと黒板消しのお世話にならなければなりません。また、板書は学習者に背を向けなければ書けず、書いている時は自分が障害物になってしまいます。実はいろいろと不自由なことがあるわけですね。

これまで我々は、当たり前のように板書をしてきました。しかし、**今や「本当に板書する価値があることは何なのか」を真剣に考えてからでなければ板書はできない**ことになったのです。

もちろん板書の出番が完全にゼロになったわけではありません。しかし、「板書がデフォルト」の時代は終わりました。子どもにとってわかりやすいかどうかを視点にした再検討は必要でしょう。タブレットで何を見せるべきか、大型ディスプレイに何を表示しておくべきか、そして黒板には何を書くべきか。これを間違えると、授業は一気にわかりにくいものになってしまいます。

逆に適切な情報を適切なメディアを使って提示したり共有したりすることができれば、子どもの理解を大きく助けることになるでしょう。

―― 常識 ――

・授業で教師が使うメディアと言ったら何はなくてもとにかく板書。

―― 非常識 ――

・ICTの整備により授業のためのメディアは多様にある。
・その中から適切なものを選択できることも教師としての大切な資質。

疑問 9

ペーパーテストは成果を測定するのに最適か？

「テスト」と言ったら、まずはペーパーテストを思い浮かべる方が多いだろうと思います。実際、子どもの学習状況を測るのにペーパーテストは便利なツールです。

しかし、主体的・対話的で深い学びを目指す現代の学校教育において、それでは測れない力もあるはずです。

本当にやりたかった社会のテスト

社会の授業ってどう進めているでしょうか。私の場合、概ねこんな感じです。

①私が軽くレクチャー。
②子どもが書籍や新聞、ウェブサイト等の資料をあたって調べ学習。
③調べてきたことを基に友達と議論。
④議論を経て自分の考えを持つ。
⑤それを何らかの形（レポートを書く、ムービーをつくってもらう、ディベートをする、口頭発表等）でアウトプットする。

普段は、こうやって授業を進めているのに、期末になるとペーパーテストになってしまうわけです。

でも、ペーパーテストで①～⑤のプロセスを経て身につけた子どもの資質能力を測れるでしょうか。測れないです、全然。そこで、卒業間近で授業もほぼ消化試合的なことになってきている時期に、思い切って「本当にやりたかった社会のテスト」をやってみたことがあります。およそ、以下のような感じで説明しました。

①問題は4つあります。その中から一つを選択して取り組みましょう。
②あなたの考えをスライドにまとめ、ムービーで提出するというテストです。
③今から始めて提出期限は下校時刻。1時間目から6時間目まで全部使っていいです。
④休憩は各自で取ること（20分に1回は目を休めましょう）。
⑤ネットで検索しようが、図書室の資料を使おうが、何でもあり。
⑥ある程度、できたところで、友達に見せて意見をもらったり、議論するのもOK。
⑦ただし、お互いの作業時間を奪い合わないように配慮しましょう。

説明を聞いている時から子どもたちも「これはちょっと今までのテストとは違うぞ」という感じになり、かなり真剣に取り組んでいました。最後はタブレットがバッテリー切れを起こしたり、ムービーの書き出しがギリギリになったりとハラハラする部分もありましたが、何とか全員終了。無事にテストを終えることができました。

テストの概念を変えてみる

このテストを行った学級は、2020年のコロナ休校明けから一人一台タブレット環境で学習を進めた学級でした。この環境を最大限に生かせていたかどうかはわかりませんが、2年間でタブレットが子どもたちにとって完全に文具と化していたのは間違いのないところでしょう。

そういう力を備えた子どもたちの力をペーパーテストだけで測るのは、やはり無理があるだろうと思います。我々はこの子たちにどんな力を身につけさせたいと願って教育を行ってきたのか、その成果を測定するのに最適な方法は何なのか。固定観念に囚われることなく考えることが必要な時代に現代は入っているのです。

常識

・子どもの学習の様子を測定するには、まずはペーパーテスト。

非常識

・ペーパーテストで測れない力もたくさんある。
・どんな方法が最適か考えるべき。

疑問 10

ドリル学習はどんな力をつけるために行っているのか？

何かしらのドリルを使っている、という学級、多いのではないでしょうか。漢字ドリル、計算ドリル等々、年度が始まる前に教材の見本がドサッと送られてきますよね。

あのドリル、何の力をつけさせるためにやっているのでしょうか。その力は本当にこれから先も必要とされる力なのでしょうか。本当に必要なドリルとはなんでしょうか。

「反復練習」の功罪

反復練習に意味がないとは言いません。反復練習することによって身につく力があることも確かです。私は学生時代、トランペットを吹いていましたが、毎日、同じ基礎練習を一定時間行っていました。正直、面白いものではありませんでしたが、演奏する力量を獲得するためには必要なことでした。当時も（これ、本当につまらないな）と思っていましたが（でも、これやらないとうまくならないし）と納得して行っていました。

学校でよく使われているドリル。あれはどうでしょうか。たとえば漢字ドリル。確かに「何も見ないでも漢字を書けるようになる」ためには有効な練習なのかもしれません。しかし、その能力は、子どもたちの将来にとってどれほど役に立つものなのでしょうか。

ご自身の生活をふり返っていただきたいのですが、日常生活で「何も見ないでも漢字を書ける」力が必須であることってほとんどないのではないでしょうか。

私にとって「漢字を書く」という行為のほとんどは「キーボードを叩いて変換する」という行為によって成り立っています。この仕事をしていても、鉛筆やボールペンを一日に一度も持たない日は普通にあります。「あの場面では絶対に『何も見ないでも漢字を書ける』力が必要だな」と感じるのは、領収書にサインを求められる時くらいです。

もちろん、漢字を読めることや、使い方をわかっていることは必要ですから、漢字の学習自体は大切です。しかし、それは「紙に鉛筆で何度も同じ漢字を書く」ことではないでしょうし、**毎週、定められた出題範囲の中から問題を出して「何も見ないでも漢字を書ける力」を測定することではない**のではないでしょうか。

ドリルはいらないのか？

と書くと「では、ドリル（反復練習）はいらないのか」という声が飛んできそうですが、そんなことはありません。これからの時代に必要とされる力を伸ばすドリルは必要でしょう。たとえば、「思考のドリル」はあっていいと思っています。

5年国語の定番教材「想像力のスイッチを入れよう」の学習で、こんな実践を行いました。まずは普通に国語の学習をして「想像力のスイッチを入れるとはどういうことか」を学びます。その後、生成ＡＩを使って「想像力のスイッチを入れるドリル」をつくり、それに取り組ませました。

ＡＩが「何の分野で『想像力のスイッチを入れる』例をつくりますか？」と聞いてくるのに対して子どもが「〇〇の分野で」と答えると、ＡＩが即座にその分野の例文を出してきて「この例の中で『まだわからないよね』と考えるべき部分はどこか」と問うてきます。それに対して子どもが答えると、ＡＩがそれに対して正誤の判定やアドバイスをして次の問いを出す。そんなドリルです。

　こういった思考のドリルであれば、これからの時代を生きる上でも必要だろうと思うのですが、単純に漢字が書ける、計算ができる、というだけのドリル、本当に必要でしょうか？　私はそうは思わないのですが。

常識

・ドリルは必須。
・ドリルをしておけば勉強したことになる。

非常識

・今後の日常生活で必須とはならないことに長い時間をかけるのは無駄。
・本当にそのドリルが必要か、本当に必要なドリルはどんなものか、検討すべき。

疑問 11

「ICTを使わせない」は疑問の余地なく間違いである

「デジタルでもアナログでもどちらでもできるならデジタルでやらなければなりません。それはこの時代に生きる教師の義務です」というようなことを書くと「何を偉そうに」と思われるかもしれませんが、最近は面の皮を厚くしてそうやって言うことにしています。その理由は？

デジタルか、アナログか

「これはデジタルなんか使わなくてもアナログでできる」

ＩＣＴの活用を否定したり拒否したりする方で、こんな理由付けをする人に出会ったことはありませんか？　ひどい人になると、完全な事実誤認をして、「これはデジタルでは無理だ。アナログでなければできない」と宣っていたりします。以前はそういう方に出会った時、「そうですね、アナログでもできますね。でもデジタルだとこんな便利なこともあるんですよ」というような言い方で、なんとかＩＣＴを活用してもらえるように誘う、という対応をしていました。

しかし、ある時から「デジタルでもアナログでもどちらでもできるならデジタルでやってください」と言うように変えました。

我々にとってＩＣＴは『後から現れた技術』です。二十世紀からＩＣＴを使ってきた人間から言わせてもらうと、ＩＣＴ活用は「いかにＩＣＴの限界の中で最高の結果を引き出すか」が勝負でした。しかし、近年は性能の限界ギリギリまで使うなんてほぼ不可能。いよいよ「ＩＣＴ活用」という言葉が現実味を帯びてきたな、と感じています。

今の子どもたちにそんなことは関係ありません。デジタルネイティブである今の子どもたちにとってICTは初めからあったもので、「ICTを活用する」なんて当たり前すぎてわざわざ「活用」などという言葉を使うのもばかばかしいくらいのものでしょう。デジタルネイティブは、この先、我々には思いもつかない活用法を考えてくれるはずです。

デジタルネイティブにも必要なこと

でも、デジタルネイティブの可能性は認めますが、その可能性を花開かせるためには経験が必要です。「こんな使い方もあるのか」「そんな使い方もできるのか」という経験をたくさん積めば積むほど「自分ならもっといい使い方ができる」「私ならこう使うんだけどな」という地点に到達してくれるでしょう。

そう、**デジタルネイティブにもICTを活用した経験値が必要**なのです。今はその経験値を積ませることが重要な時期。だから、デジタルでもアナログでも、どちらでもできるならデジタルでやるべきなのです。

「こんなつまらないことでわざわざICTを使うの?」なんて遠慮する必要はありませ

ん。今、我々が行っている実践のすべては、いずれ「過去の遺物」になります。それで上等。今の時代に教師をしている者の責務は「子どもたちが乗り越えていく階段をたくさんつくっておくこと」でしょう。

暴論？　そうかもしれません。でも、福澤諭吉を引用するのもなんですが、「古来文明の進歩、その初は皆所謂異端妄説に起らざるものなし」という言葉もあります。異端妄説を堂々と述べていくのも悪くない。だから、ＩＣＴに否定的なみなさん。

デジタルでもアナログでもどちらでもできるならデジタルでやってください。

・アナログでできることもある。
・自分がアナログを得意とするならアナログでやればいい。

―― 常　識 ――

―― 非常識 ――

・デジタルでもアナログでもどちらでもできるならデジタルでやる。
・それは、この時代の教師の責務。

疑問 12

そもそもなぜＩＣＴなのか？

ＩＣＴをなぜ使うのか。ＧＩＧＡスクール構想前はそういったことをよく言われたものです。さすがにそんなことを言う人はかなり減ったのではないかと思いますが、ただ、逆に「ＩＣＴをなぜ使うのか」の答えはたくさんありますよね。

ここでは、その中でも一番大切と私が考えることについて書いていきます。

なぜＩＣＴを使うのか

　私の本をわざわざ買って読もうという方ですから、恐らくあなたはそれなりにＩＣＴを使う方なのではないでしょうか。ご自身でも使うでしょうし、子どもたちにも使わせて魅力的な授業を展開されているのではないかと予想します。

　では、あなたはなぜ子どもたちにＩＣＴを使わせているのでしょうか？

　効率的だから。その答えは確かにあるでしょう。紙に鉛筆で書かせるより時間がかからない。ワークシートを集めるよりオンラインで提出させた方が時間も手間もかからない。そうした面は確かにＩＣＴの魅力の一つです。

　子どもの思考力を伸ばせるから。それもありますね。自分の考えをまとめるのにＩＣＴを使うことでより整理しやすくなる、ということもあるでしょうし、プレゼンをするのにＩＣＴを活用することで、その後の議論が活発になるということもあるでしょう。

　子どもの創造性を伸ばせるから。確かにそれもあります。ＩＣＴであれば「やり直し」が簡単ですから、トライアル・アンド・エラーを繰り返しながら自分の納得がいくものを追求させることで創造性を伸ばせる場面、多いでしょう。

他にもいろいろな理由があるだろうと思います。そして、そのどれもがもっともな理由でしょう。それに関して疑問は抱かないのですが、私にとってＩＣＴを活用する一番の目的は、実はそういったことではないのです。

すべてはインクルーシブ教育のため

私の答えは「**学びに困難のある子どもが、学びの入口に立てるようにするため**」です。

文字を読むことに大きな困難がある子がいる。だったら学習者用デジタル教科書の読み上げ音声を使えばいいじゃないか。書くことに大きな困難を抱えた子がいる。だったらワープロで文字を打ち込めばいいじゃないか。人前で意見を言うことなんてできないという子がいる。だったらチャットで発言させればいいじゃないか。教室の中での話し合い活動は音がうるさくてうまく参加できないという子がいる。だったらみんなにヘッドセットをつけさせて教室の中でオンライン会議を開き、ブレークアウトルームで話し合いをさせればいいじゃないか。

そうやって「学びに困難のある子どもが、学びの入口に立てるようにするためにＩＣＴ

を使っている」すなわちインクルーシブ教育を実現するため、というのが私の答えです。

というようなことを言うと、未だに「文字が書けないままでいいのですか！」と青筋立てて言ってくる御仁がいますが、もう最近はかなり面の皮が厚くなってきたので、冷たい視線を向けてこう言い返すことにしています。

「ハア？　ICTを使って書けているんですけど。それじゃいけないんですか？　だったら、あなたはどうして指導案を書くのに手書きじゃないんですか？」

―― 常識 ――

・ICTを使う理由はたくさんある。効率的、思考力を伸ばせる、創造性を伸ばせる等々。

―― 非常識 ――

・学びに困難のある子どもが、学びの入口に立てるようにするため。

疑問 13

「生成AIなんて使わせない」は、どうか？

「生成AIが登場してから、大学生がレポートを自分で書かなくなった。けしからん。生成AIなんて使ってはダメだ」というような話をよく耳にしますが、その考え方、間違っていませんか？

ダメなのは生成AIを使ってレポートを書く大学生ではなくて…。

「各種コンクールの作品やレポート・小論文などについて、生成AIによる生成物をそのまま自己の成果物として応募・提出すること」

これは文部科学省「初等中等教育段階における生成AIの利用に関する暫定的なガイドライン Ver.1」の中で「AIの活用が不適切」とされた例の一つです。

ガイドラインが出た時、マスコミでもこの一文は盛んに取り上げられていたので、ご覧になった方も多いのではないでしょうか。これに多くの人がうなずきました。

「そうだそうだ、レポート課題に生成AIの回答をまるまるコピペして提出するのはけしからん！」というように。しかし、これはどうでしょうか。

「教育委員会から『〇〇の調査をして、結果と概要をまとめたレポートを提出せよ』という指示が来た。オンラインフォームで回答を集め、その結果をAIに読み込ませて概要をつくらせて提出した」

これは「業務の効率化」とか「働き方改革の達成」とか言うのではないでしょうか。なぜ大人が仕事に使うと「効率化」と言われ、子どもが学習に使うと「不適切」と言われてしまうのでしょうか。

まず確認しておきたいのは**「そもそも生成AIが出力したもののコピペで何とかなって**

しまうコンクールやレポート課題の方が不適切な時代に入っている」ということです。

これからの人口減＋超高齢社会において、「生成ＡＩに任せられることは生成ＡＩに任せる」ことは必須です。そんな社会を生きていこうとする子どもたちに「結果だけを問う」ようなコンクールやレポート課題を出してもどれほどの意味があるというのでしょうか。そうした課題において「生成ＡＩに出力させて何とかする」ことは、もはやライフハックの一つと言ってもいいでしょう。

プロセスに目を向ける

では、我々はどうすべきか。たとえば読書感想文。生成ＡＩに「〇〇の読書感想文を書いて」と入力すれば、膨大な学習データからものの数秒で何かしら出力してきます。しかし、人間が読書感想文を書こうと思ったら、いろいろなプロセスを経なければなりません。

まずは、その本を読まねばなりません。読みながら「この主人公、情けないなぁ」「え、ここでこの展開！」と様々なことを考えたり感じたりしながら読み進め、友達と「〇〇っていう小説、面白かったよ」というような情報交換を重ねながら、最終的に「いい本だったな」とか「読まなければよかった」というような結論に至ります。

もし読書感想文を書かせるなら、そのプロセスの方にこそ目を向けるべきでしょう。そして、その前提として、そもそも子どもたちが「読みたい」「読んで感動したい」「その感動を誰かに伝えたい」というような想いを抱けるような読書指導こそが必要でしょう。

そうしたものをすべて端折って「読書感想文を書きなさい」という課題を出すことにどれほどの意味があるのか。我々は真剣に考え直さなければなりません。

「生成ＡＩが出力したもののコピペで何とかなってしまうコンクールやレポート課題の方が不適切な時代に入っている」と考える所以です。

常識

・各種コンクールの作品やレポート・小論文などについて、生成ＡＩによる生成物をそのまま自己の成果物として応募・提出することは不適切だ。

非常識

・生成ＡＩが出力したもののコピペで何とかなってしまうコンクールやレポート課題の方が不適切だ。

疑問14

「生成AIどんどん使わせよう」は、どうか？

さっきは生成AIを使わないことにダウトをかけましたが、今度は生成AIを使うことにダウトをかけてみましょう。

生成AIパイロット校の取り組みもあり、実践報告が徐々に上がり始めていますが、正直、首を捻らざるを得ないものも少なくありません。ここは一度じっくりと考えたいところです。

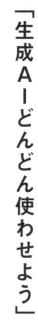

勇ましい生成AI活用実践

生成ＡＩの多くは、利用規約で13歳未満の利用が不可となっています。しかし、例えばAzure OpenAI のＡＰＩを利用したアプリケーションの中には、保護者の同意は必要とするにしても年齢制限があるわけではないというものがあります。そうした「13歳未満でも使える生成ＡＩ」を活用した実践もチラホラと見るようになってきました。それらの多くはチャレンジングな実践なので、うるさいことを言うべきではないかもしれませんが、それにしても疑問を感じざるを得ない報告もいくつかあります。

まず私の立場を明らかにしておきますが、私は「13歳未満の生成ＡＩ利用は絶対不可」とは思っていません。しかし、「生成ＡＩを直接、触らせる前にやることがあるのではありませんか？」という風には考えています。では、その「生成ＡＩを直接、触らせる前にやること」とは何でしょうか。私は、それを「**先生が生成ＡＩを使い、その結果を子どもに共有するということを各教科の授業の中でたくさん行い、子どもの中に生成ＡＩに対する冷静な態度を養うこと**」と考えています。そのプロセスを踏んでいない実践が多すぎやしませんか、というのが私の気にするところなのです。

生成AI活用実践の前に必要なこと

そうした実践報告を見ていると、大抵は子どもに生成AIを直接触らせる前に「生成AIの基本的な仕組みを教える」授業を単元のはじめの方に設定している場合が多いです。ガイドラインVer.2でも「生成AIの基本的な仕組みや特徴を理解させた上で」という記述がありますから、そういう授業を入れるのもわからないではありません。

しかし、よく考えてみましょう。小学生に「生成AIの基本的な仕組みを教える」ことは可能なのでしょうか。本気で生成AIの仕組みについて教えようと思ったら「ディープラーニング」「ニューラルネットワーク」のような話を持ち出すことになるわけですが、そこまでいかずとも「確率」「統計的に有意」といった辺りのことは話さないわけにはいかないでしょう。しかし、例えば小学校の算数「データの活用」でどんなことを扱っているかと言えば5年生で「円グラフや帯グラフの使い方」「複数の帯グラフを比べる」程度、6年生でようやく代表値、度数分布表といったことが出てきますが、およそ生成AIの仕組みに直接、迫るようなものではありません。となると、私はやはり先に書いたように「生成AIがどう振る舞うものかを見る経験をたくさん積んで、生成AIに対する冷静な態度を養う」くらいしかできることはないように思うのですが。

そこをすっ飛ばして子どもに生成ＡＩを直接触らせている実践は、正直、ちょっと危なっかしく感じています。ましてや教えられるはずもない「生成ＡＩの基本的な仕組み」を「教えました！」として進めている実践には首を捻らざるを得ません。ガイドラインに書かれている「生成ＡＩに関する体験を積み重ねることで生成ＡＩについての冷静な態度を養ったりしていくことが重要」とはどういうことか、一度、立ち止まって考えていただきたいものです。

―― 常識 ――

・子どもにも使える生成AIがあるならどんどん使わせよう！　それが最先端だ！
・まずは生成AIの基本的な仕組みを教えよう！

―― 非常識 ――

・生成AIを直接触らせる前にやることがある。
・生成AIの仕組みを教えるのは無理。経験から冷静な態度を養うのが先。

疑問 15

「生成ＡＩは不正確だからダメだ」は、どうか？

「生成ＡＩの回答はいつも正しいとは限らない。あんな不正確なものを授業で使えるわけがない」という批判を時折、目にします。生成ＡＩにハルシネーションがあること、その発生を取り除くことが原理的に難しいことはその通りですが、「ハルシネーションがあるから使えない」という批判は本当に正しいでしょうか？

ＡＩは間違える

確かに生成ＡＩは間違った回答を出してくることがあります。しかし、では学校教育の現場で子どもたちが学ぶ環境に、これまで間違いはなかったのでしょうか。

教科書は確かに間違いがないかもしれませんが（あればニュースになる）、たとえば子どもたちが手にしているタブレットはどうでしょうか。生成ＡＩを持ち出すまでもなく、子どもたちが様々に検索して調べた情報の中に間違いがないわけがありません。だからこそ、我々は「信頼できる情報を探すためにはどうすればいいか」を教えているわけです。

「生成ＡＩの間違いは質が違う」というご意見もあるでしょう。検索して間違った情報を正しいと信じてしまうのは、子どもの側に情報活用能力が十分に身についていないからだ。それに対して生成ＡＩは、あたかもそれが本当のことであるかのように間違った回答をしてくる。非常に厄介だ。そのようなご意見です。

それも間違いではありません。しかし、**「あたかもそれが本当のことであるかのように間違った回答をしてくる」存在、これまでにもあったのではないでしょうか。そう、人間の教師です**。間違えること、ありませんか？　ありますよね？

間違えたらダメなのか？

それはともかく、「間違った回答をしてくることがある＝生成ＡＩは使い物にならない」という評価でいいのでしょうか？

「原因と結果」について学ぶ授業の時のことです。その時は、子どもでも使える生成ＡＩを使い、各自がプロンプトを打ち込む形で授業を進めていたのですが、「自分が書いた『原因と結果』の例文を生成ＡＩに判定させる」ということを行いました。

たとえば「僕は今おなかが痛いです。なぜなら賞味期限切れの牛乳を飲んだからです。」と打ち込みます。するとＡＩは「あなたの文はとてもわかりやすいですよ。『賞味期限切れの牛乳を飲んだ』という原因によって『おなかが痛くなった』という結果になったことが伝わります」というように返してきます。これには子どもも納得です。ところが、時折「原因と結果の順番を入れ替えて、『賞味期限切れの牛乳を飲んだので、おなかが痛くなった』とした方がいいでしょう」という回答をしてくることもあります。

これには子どもは納得がいきません。「別に結果から書いたっていいではないか」「文を分けた方がわかりやすくなることもあると4年生の時に習ったぞ」と言ってきます。

　このように間違った回答を返してくる生成ＡＩは使い物にならないのでしょうか？

　いいえ、私はそうは思いません。子どもたちが「原因と結果」の文の書き方について真剣に考えられたのは、ＡＩが間違えたからでもあったからです。むしろ**生成ＡＩが間違えてくれたからこそ、それを教師には絶対できない「全児童への即時フィードバック」で実現したからこそ子どもの思考は活性化されたの**です。

　教師がその使い所さえ間違えなければ生成ＡＩは間違えたっていいのです。言い換えれば、**ＡＩのハルシネーションをも想定した授業設計ができればいいのです。**

―― 常識 ――

・生成ＡＩの回答は正確ではないから、授業で使うのは危険だ。

―― 非常識 ――

・生成ＡＩの間違いすら授業の目的達成に役立つような授業設計をすれば問題ない。

疑問16 生成AIで子どもは楽をしようとするものなのか？

「生成AIなんか使わせたら、子どもはそれを使って楽をしようとするに違いない」というのは生成AIの教育活用に対する代表的な批判と言ってもいいでしょう。

しかし、それは本当にそうなのでしょうか？　AIを使わせたら子どもは必ず楽をしようとするものなのでしょうか？

「負けた気がする」の真意

生成ＡＩが使えたら、児童生徒は本当に楽をしようとするものなのでしょうか？

２０２４年のＥＤＩＸ（エディックス）で公開授業を行いました。子どもが「これが学校にあったら授業や学びがもっとよくなる製品を探す」というテーマでＥＤＩＸの会場内を取材して回り、取材した内容をホームページにまとめるという授業でした。

授業の中では、子どもが書いた製品の紹介文を生成ＡＩに読み込ませて、修正した方がいいところがあるかを聞いてみる、ということを行いました。

すると生成ＡＩは、「この紹介文はとてもユニークで小学生が書いたとは思えないですね」と最初は持ち上げるのですが、そのあと「この点は具体的な例をあげて書くとよいでしょう」「同じ表現が続いているので、違う表現を考えましょう」というようなアドバイスを即座に返してきました。

それに対して子どもはどういう反応を見せたでしょうか？　もし生成ＡＩで楽をしようと考えているのなら、生成ＡＩが出してきたアドバイスをありがたく受け取ったはずです。しかし、子どもから出てきたのは全く違った発言でした。

「負けた気がする」

負けた気がするということは、**自分が生成したもので生成AIに勝つ気があった**ということでしょう。「楽をしたい」とは、言わば対極にある発言ではないでしょうか。

なぜ子どもから「負けた気がする」という発言が出たのでしょうか。これにはいくつかの要因があったと思います。

まずは子どもが授業の課題に納得していたということが大きいと思います。「これが学校にあったら授業や学びがもっとよくなる製品を探す」というテーマでＥＤＩＸの会場内を取材して回ったわけですが、巨大なＥＤＩＸの会場内のあちこちにある魅力的な製品群は、子どもに「使いたい」「あったらいいいな」と思わせるものばかりでした。それらについて取材したわけですから、それを「自分の力でホームページにまとめたい」という気持ちになるのもわかります。それだけに、実際にＥＤＩＸの会場内を回った自分に対して、ＥＤＩＸを見てもいない生成ＡＩが有効なアドバイスをしてくるのは「悔しい」「負けた」と思っても不思議ではないでしょう。

また、子どもが「生成ＡＩは完璧ではない」と十分に理解していたことも大きいでしょう。筆者の学級では様々な形で生成ＡＩを使ってきていますので、子どもは「生成ＡＩのすごい面」「生成ＡＩのあてにならない面」をいろいろと見ています。生成ＡＩを授業で使う場合はいつも「ＡＩにできるの？」と疑いの目を向けてきます。そうした経験も大きいでしょう。

そして、筆者の学級では要約について学習した時から**「生成ＡＩに頼めばすぐに要約（生成）してくれるのに、どうして勉強しなければならないの？」**というのがずっと課題になっています。これはＡＩ時代のかなり大きな問いですが、それを考え続けていたことも「負けた気がする」につながったのだろうと思います。

児童生徒が生成ＡＩで楽をしようとするかどうか。指導の影響は大きいのです。

常識

・ＡＩが使えたら、児童生徒はそれを課題に使う等して楽をしようとする。

非常識

・楽をしようとするかどうかは指導次第。
・まずは学びに納得感をもたせることが必要。

疑問 17

特定アプリに頼るか？ 様々なアプリに手を広げるべきか？

GIGAスクール構想以後、子どもがタブレットを使って学習を進める姿は一般的になりましたが、授業で使うアプリ、どうしていますか。何も考えずに指示されたアプリを使っていること、ないでしょうか？
「え、だってそういうものでしょう？」とならずに、もう少しアプリのことを考えてみましょう。

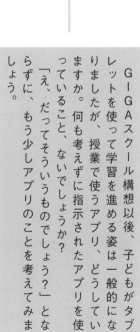

忘れられないボヤキ

大変、お世話になっている先生のボヤキで忘れられないものがあります。その先生は長くご自身の自治体のＩＣＴ活用を牽引されてきた方で、その自治体の活用プラン作成にも深く関わっていらっしゃいました。その先生をはじめとする力のある方々の活躍もあって、その自治体のＩＣＴ活用は非常に進んでいます。

その自治体では、某授業支援アプリを導入していました。それは私も使ったことのあるアプリですが、非常に出来がよくて、それほどＩＣＴに強くない先生も直感的に扱うことができて、授業の運営が非常に楽になるようなアプリでした。実際、その自治体から発信される実践には注目すべきものが数多くあり、全国のモデルケースになるような事例だな、と思っていました。

ところがある時、その先生にお会いしたらこんなことをおっしゃったのです。

「うちの自治体の先生、みんな〇〇〇（某授業支援アプリ）をよく使いこなしていらっしゃるのです。でもね、〇〇〇しか使わなくなっちゃっているのですよ」

このボヤキ、一体どう捉えればいいのでしょうか。

手を広げないのも広げすぎるのも…

その自治体で中心的に使われているアプリを徹底的に使いこなす。まずはそこがスタートであるべきだろうと思っています。しかし、世の中に万能なアプリはありません。「これをやるならAがいいけれど、これに取り組むならBの方がいい」ということはいくらでもあります。

ですから、「みんな〇〇〇しか使わなくなってしまっている」のだとすれば、ある分野においては〇〇〇よりも使い勝手のいい△△△を利用するチャンスを逃している、ということになるでしょう。そういう意味で特定アプリに頼り切るのは問題です。

しかし、いたずらに手を広げるのもどうでしょうか。

世の中には達人がいて、次から次へと新しいアプリを試し、その利用法を発信する方もいらっしゃいます。そういう方に憧れるのはわからないではありませんが、正直なところ、そんなことをできる人は一握りです。能力の問題だけではありません。新しいアプリを探す時間、試す時間、試したことを発信するものをつくる時間。決して無限にあるわけではない時間を有効に使えないと厳しいでしょう。

それ以上に、新しいアプリを導入するためには管理職や教育委員会を説き伏せるための労力も必要かもしれません。そうした多大なコストを払ってまでそのアプリを導入する価値は本当にあるでしょうか？

「△△△の方が使い勝手がいいけれど、○○○でもできないわけじゃない。△△△を導入するのにかかる手間を考えると、自分はどうすべきだろう？」

アプリの選択ひとつ取っても、考えることはいくらでもあるのです。

常識

・自治体で用意されたアプリを使い倒す。

非常識

・用途に応じて別のアプリの利用も検討する。
・ただし、得られる効果と支払うコストのバランスはよく考えて。

疑問 18

指導書の生かし方はわかっているか？

表紙は実に素っ気ないくせに、中身は非常に充実している教科書の指導書。さすがは日本の教科書会社が発行しているだけのことはあります。

しかし、それをそのまま疑うことなく使っていいのでしょうか？　そこに落とし穴はないのでしょうか？

指導書を疑う

「指導書を疑う」と書いたばかりなのに、こんなことを書くのもなんですが、指導書ってすごくないですか？

私の場合、公開授業をすることも多いので国語の指導書を読むことが多いのですが、実によくできていると思います。何しろ、とりあえず指導書を読めばひと通りの教材研究のポイントは押さえられるように書かれています。単元の指導目標、単元計画、各授業の指導計画までバッチリ載っていて、教科書会社によってはプランAとプランBがあったりもします。おまけに作者のインタビューまでついていたりする。あの指導書に書かれていることを新しい単元を迎える度に一人の教師が勉強して全部書こうとしたら…間違いなくつぶれるでしょう。

私の勤務校には毎年大勢の教育実習生がやってきますが、私の学級に配当された学生にいつも言うのは「まずは大学の図書館にある指導書をよく読んできなさい」ということです。これを忠実に実行してきた学生は、授業をする段になってもそれほど大外れはしないですね。指導書は偉大です。

指導書の何を疑うのか

ここまで褒めちぎっておいて、指導書の一体、何を疑えというのか。訝しむ方もいらっしゃるでしょうが、私が問題にしたいのは指導書の使い方です。

先の教育実習生を例に取って書きましょう。指導書を読んでこないのは言語道断ですが、読んできた場合でも、それはそれで指導が必要になります。学生は指導書を読み、教材文をじっくりと読み込んで分析し、指導書にあるプランAを基にして指導案を書いて実習開始前のオリエンテーションに持ってきます。それを見て私が言います。

「なるほど、よく勉強したようだね。では、実習が始まって、実際に子どもを見たら手直しをするんだよ」

ところが、教育実習が始まると学生が聞いてきます。「この指導案のどこを修正すればいいのでしょうか？」と。確かに学生の指導案はよく書けています。しかし、明らかに私の学級の実態とはそぐわない部分がありました。学生にはそこがわからなかったわけですね。「この発問の仕方で○○君に伝わると思う？」「この学級の班は3人構成だけれど、それでこの話し合い活動うまくいく？」みたいな指導をすることになります。

そうなのです。指導書は本当によくできています。世の中に出ている大抵の教科指導本を買うより、職員室にある指導書をじっくり読む方がいいのではないかな、と思うくらいです。

しかし、**指導書はあなたの学級を前提には書かれていません**。現代の日本の学校の最大公約数的なところをねらって書かれているわけです。それをどう使いこなすかは授業者であるあなた次第、ということになります。

私が「指導書を疑え」と書く所以はここにあるのです。

・指導書通りに授業をすれば、とりあえず何とかなる。

――常識――

――非常識――

・指導書は最大公約数的なところをねらって書かれているもの。
・取り入れるべきことは多いがカスタマイズこそ大切。

疑問 19

学習指導要領は絶対なのか？

次期学習指導要領を巡る議論が始まりましたが、どうやら現行学習指導要領の基本的な考え方は踏襲しつつ、それをどう発展させるかといったことになりそうです。それくらい、現行の指導要領はよくできているということでしょうが、それの何を疑う必要があるのでしょうか？

よくできている現行学習指導要領

私ごときが偉そうなことを書けた義理ではありませんが、現行学習指導要領は実によくできていると思います。たとえば、「解説」の方を見ていただくとよくわかるのですが、平成29年告示の学習指導要領の解説でよくぞここまで書けたな、と思う記述があります。

こうした変化の一つとして、人工知能（AI）の飛躍的な進化を挙げることができる。人工知能が自ら知識を概念的に理解し、思考し始めているとも言われ、雇用の在り方や学校において獲得する知識の意味にも大きな変化をもたらすのではないかとの予測も示されている。このことは同時に、人工知能がどれだけ進化し思考できるようになったとしても、その思考の目的を与えたり、目的のよさ・正しさ・美しさを判断したりできるのは人間の最も大きな強みであるということの再認識につながっている。[1]

すごくないですか？　２０１７年といったら、Google がトランスフォーマーの技術を発表した年で、まさにここから生成ＡＩの進化が始まろうかというタイミングです。その

1　【総則編】小学校学習指導要領（平成29年告示）解説（文部科学省、２０１７）

時点で来たるべき生成ＡＩ時代を予測してのこの書きっぷり。現在にもそのまま通用する内容だと思います。現行学習指導要領、やはり凄いです。

もちろん、現行学習指導要領の凄いところはここだけではありません。そもそも「主体的・対話的で深い学び」というコンセプトが素晴らしいわけですが、では、この学習指導要領のどこを疑う必要があるのでしょうか？

たとえどんなに素晴らしくても

簡単に言うと、「どんな素晴らしいものでも絶対ということはない」ということです。

科学技術はわかりやすくそうですよね。今はノスタルジーな魅力で語られることの多い蒸気機関車だって、かつてはハイテクの塊でした。手のひらの上で計算をささっとこなせる電卓は大発明でしたが、今や1年生が「アレクサ、3たす5は？」と聞いて算数の宿題をこなす時代です。あるいは哲学の分野。ソクラテスの哲学がどれだけ素晴らしいとしても、やはりそれだけで全人類の課題を解決することはできないわけで、その後もたくさんの大哲学者が現れ、その教えが我々を思考の地平に導いてくれています。

学習指導要領に関しても、時代に応じてその書きっぷりは大きく変わってきました。終戦後すぐはアメリカ教育使節団報告書の影響を色濃く受けたものだったのが、スプートニク・ショックによって科学性・現代化を強く訴えるものになったりと、常に時代の影響を受けて揺れ動いてきたのは間違いのないところでしょう。現行の学習指導要領は確かによくできています。しかし、これとて絶対ということはないでしょう。**時代の状況に応じて変えていかなければならないところが生じてくる**と考える方が普通です。

であるならば、やはり学習指導要領に則って教育を行う我々教師も、時代と学習指導要領の関係に鈍感というわけにはいかないのではないでしょうか。

常識

・学習指導要領については、その実現方法を考えればよいのであって、内容を疑う必要はない。

非常識

・たとえ現行の学習指導要領がどれだけ優れたものであっても、現代にマッチしたものであるかどうかを批判的に見ていく視点は必要。

授業研究

疑問20
指導案の作成に時間をかけ過ぎていないか？

研究授業の指導案。熱意があるのはわかりますし、たくさん勉強されていることも、伝えたいことが山ほどあることもわかります。しかし、あまり長いものは読むのも大変だし、読もうという気にもなりません。というか、そもそもそこにそんなに時間をかける価値、あるでしょうか？

重厚長大

指導案。学校の教員なら避けては通れないものではないでしょうか。私も年に何度かは書いていますが、勤務校に来て驚いたのがそのボリュームでした。

研究授業の前日とか前々日の職員朝会で授業者から「指導案を先生方の机上に置いておきますのでお目通し願います」というような連絡があります。するとその日の夕方、職員室に戻ってくると、それなりの厚みのある冊子が置いてありました。

最初の６ページくらいがその教科部会の提案。その後が指導案になるのですが、「単元設定の理由」だけで４ページほどあってもはや論文の趣。その後、指導観・教材観・児童観がビッシリとあって、その後にようやく単元計画。本時案にたどり着くまでにいったい何ページかかったのか。おまけに本時案が終わってもまだページが残っているので「何だろう、メモページでもつくってくれてあるのかな？」と思ったら「単元の軌跡」でした。そこまでの授業における板書写真は言うに及ばず、子どものふり返りまで座席表にぎっしりと小さな字で書き込まれています。私は思いました。

「こんなの読んでいられないよ！」

誰のための指導案なのか

指導案は誰のため、何のためにあるのでしょうか。自分のため、自分の勉強の成果をまとめるためであれば何十ページでも書いていただいて構いません。どうぞご自由にお書きください、と思います。

しかし、研究授業の指導案は、授業を見る人に向けて書いているはずです。授業を見る人が授業者のねらいを理解し、授業を見る視点を得て、授業後に実のある協議をできるようになるために書かれているはずです。つまり、**研究授業の指導案は、読まれるため、使われるために書いているはず**なのです。

それが重厚長大なものになるのは、ハッキリ言って目的を履き違えています。そんな指導案を誰が読むというのでしょうか。しかも配られるのは授業の前日とか前々日だったりする。これでは、読むふりはするかもしれませんが、実際にはなかなか読めないというのが本音でしょう。

そして、そんな重厚長大な指導案を書く時間がもったいないです。生成AIに吐き出させているのなら構いませんが、自分で書いているわけですよね？　いったい、それに何時間かけたのでしょうか。

逆に考えてみてほしいです。その何時間かを他のことに使ったら、どんないいことができたでしょうか。教材研究が進んだかもしれません。ＩＣＴの新しいテクニックを身につけられたかもしれません。興味のあるオンラインセミナーに出られたかもしれません。いやいや、早く退勤して自由な時間を謳歌していたかもしれません。

時間は有効に使いましょうよ。決して無限にあるわけではないのですから。


――常識――

・研究授業の指導案は重厚長大なものをしっかりと仕上げるべきだ。

――非常識――

・重厚長大な指導案なんて誰も嬉しくない。
・求められているのはコンパクトにまとまった読めて使える指導案。

疑問 21

美しい言葉で学校研究をごまかしていないか？

学校によって、学校研究のテーマのつけ方は実に様々ですが、仮にも研究なわけですから意味がハッキリわかるようなものであるべきでしょう。

ところがどうもそうなっていないこともあるように思います。それはなぜでしょうか。どう変えていけばいいのでしょうか。

説明文か、ポエムか

大学院の大先輩でもある教育心理学の大家の先生と話していた際、学校研究が話題になった時に先生がおっしゃったことが忘れられません。

「学校研究のテーマは説明文でないとダメなんだよ。ポエムじゃダメ」

学校研究のテーマは、誰が見ても「これは何の研究か」がハッキリわかるものでないとダメだ。美しい耳触りのいい言葉を並べ立てても何の研究かわからなければ、学校が一丸となってその研究に取り組むことは難しい。私なりに先生の言葉を解釈するとこういうことになります（違ったらごめんなさい）。

しかし、多くの学校研究のテーマはポエムになっていないでしょうか。と言ってどこかの学校の研究テーマを例に出して書くわけにもいかないので、怒られるかもしれませんが自分の学校のこれまでの研究テーマ（私が着任して以後のもの）を書き連ねて検証してみたいと思います。

・「理解を深め、知を創造する子の育成―子どもの思考を媒介する『メディア』に着目して―」（Ｈ26～28）

・「『こえる学び』を生む学習環境デザインの追究」（H29～R1）
・「『こえる学び』の拡張」（R2～4）

説明文にしましょう

さあ、どうでしょうか。このテーマの中で説明文になっていたもの、即ち「テーマを見れば何の研究かがわかるもの」はあるでしょうか。

私が着任したのは平成28年だったのですが、正直、頭を抱えました。まず「理解を深め」で引っかかってしまいます。「理解」という言葉、よく使いますが、実は大変、奥の深い言葉です。「理解を深める」とはいったいどういう状態か、それだけで研究になるのではないかと思うのですが、そこに加えて「知を創造する子の育成」とあります。「知を創造する」とは何でしょうか。それを子どもが行うとはどういうことでしょうか。そして、それを育成するとはどうやって？

と途方に暮れていたらサブタイトルが目に入ってきました。終わりに「着目して」とありますから、なるほどそこに目を向ければ研究の糸口がつかめそうだぞ、と思いますよね。

その前に書いてあるのは「子どもの思考を媒介する『メディア』」です。なるほど、そうか。これはメディアリテラシーの研究なのだな、と思ったら全然違いました。研究会では、この「メディア」という言葉の指し示す範囲について延々と話しています。「教師の問いかけもメディアだ」とか言っていて、もう無理だ、と諦めたのを覚えています。これぞポエムでしょう。

美しい言葉を連ねればいい研究ができるわけではありません。**誰もがパッとわかる、簡単で明快な言葉で言い切りましょう**。学校研究はそこをスタートにすべきです。

―― 常識 ――

・学校研究のテーマは、難解であっても高尚な美しい言葉を連ねるものだ。

―― 非常識 ――

・学校研究のテーマは説明文であるべき。
・ポエムはいらない。

疑問 22

データなしで授業研究をしていないか？

校務が忙しすぎると「授業研究をする時間がない！」などと文句の声が上がります。それだけ教師が大切にしている授業研究。これまでは各自の勉強や教師団の議論、講師の助言に頼っていましたが、時代は変わろうとしています。最新の技術を使ってデータを取ってみたらどうなるでしょうか。

子どもの話し合いを分析するには

子どもの話し合いを分析しようと思ったら、どのようなスタイルを思い浮かべるでしょうか。丁寧にやろうと思えば、各グループの真ん中にボイスレコーダーを置いて子どもの話し合いを録音し、それを後で聞き返して（必要なら文字起こしをして）「どの子どもの発言が話し合いを活性化したか」といった研究の視点に沿った分析をしていく。かつては、そのような方法が「分析の常識」だったかもしれません。

これは丁寧ではありますが、いくつか問題があります。まず、非常に時間がかかります。たとえば、授業中に６グループの話し合いを10分取ったとすると、それを聞き返すだけで一時間かかります。気になる箇所を聞き返したり、文字起こしをしたりすれば、その時間はさらに長くなるでしょう。最新技術でどうにかならないものでしょうか。

テクノロジーで分析できないか

「授業における子どもの話し合いの様子についての正確なデータがあれば、教師と管理職の対話が建設的なものになるか」というテーマで研究を行ったことがありました。

取ったデータは二つ。まずコニカミノルタ社の tomoLinks で、子どもの骨格の動きを測定します。測定を繰り返すうちにだんだんと浮かび上がってきたのは、積極的に話し合いをしているグループはお互いの体の距離が近づいたり離れたり動きがあるということでした。一方、消極的なグループはあまり動きがない。tomoLinks は、この傾向を一つの指標としてデータを取り、話し合いの積極度を可視化して出力してくれました。

もう一つはハイラブル社のシステム。グループの真ん中にマイクを置くところはボイスレコーダーを使った測定と似ていますが、このシステムを使うと、誰がどれくらい発話しているのかがリアルタイムで可視化されます。もちろん録音もしているのでそれを聞き返すこともできますし、文字起こしされたテキストデータも出力されます。

この二つのシステムを使い、公立小学校の国語の授業での話し合いを測定し、それを基に授業者の先生と学年の先生、そして管理職の先生に話し合いをしてもらいました。

すると可視化されたデータがあることで、話が具体的になりました。これまで管理職の先生は自分の経験からアドバイスしてしまうようなことがあったのですが、可視化されたデータがあると「この場面で先生が介入したのはどうしてですか？」といった具体的な授業についての話し合いが行われるようになりました。

印象的だったのは、子どもが黙ってしまった場面をふり返っている時の対話でした。tomoLinksでもハイラブルでも、そこは「話し合いが活発でなかった」と分析されてしまうわけですが、そのデータを見て同じ学年の先生が「いや、ここは子どもがぐっと考えた場面ではないか」と指摘したのですね。

どれだけ凄いシステムでも子どもの話し合いを完全に分析できるわけではないでしょう。しかし、たとえ**不完全であっても可視化されたデータがあることで、これまでは気づくことのできなかった子どもの思考に気づけた**ということかもしれません。

・「子どもの話し合い活動」の分析をするなら、録音→聞き返し→文字起こし。

常識

非常識

・最新技術を使って録画・録音→即可視化。

・可視化されたデータを活用して有意義な対話を実現。

疑問 23

特別支援の視点のない授業研究に価値はあるか？

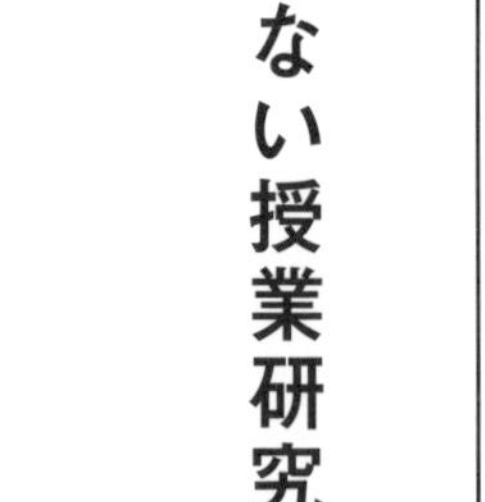

言うまでもなく、特別支援教育は、特別支援学校、特別支援学級、通級指導教室だけで行うものではありません。通常の学級でも行うものです。

だとすれば、通常の学級で授業研究をする時も、その視点は必要ではないでしょうか？それを取り入れることで何が変わるでしょうか。

指導案に入れた一項目

私がＩＣＴ×インクルーシブ教育に取り組むきっかけを与えてくださった一人である香川大学の坂井聡先生が（その辺りの経緯については私の前著をお読みいただけますと幸いです…）、香川大学附属坂出小学校の校長を務められていた時におっしゃっていたことがありました。

「坂出小はね、指導案に『特別支援教育の視点』を入れるようにしたんですよ」

これには「やられた」と思いました。さすがは長く特別支援教育に携わってこられた坂井先生です。言われてみれば、それは確かに絶対に必要な項目でした。

わかりやすさを追究すれば

「特別支援教育の視点」とは何でしょうか。私なりの解釈ですが、それは**授業における「わかりやすさの追究」あるいは「わかりにくさを解消するための手立ての追究」**となるのではないでしょうか。

通常の学級にも様々な子どもが在籍しています。その中には、先生の話を聞き取るのが苦手という子がいるかもしれません。読み書きに困難がある子がいるかもしれません。あるいは、話し合い活動が苦手という子がいるかもしれません。外国籍で、日本語がほぼほぼわからないという子がいるかもしれません。

そういった子どもたちに対して必要な手立てをすることなく授業を進めたらどうなるでしょう。もしかしたら、教室の中の大多数の子にはいいのかもしれません。しかし、学びに困難のある子は置いてきぼりになってしまうのではないでしょうか。

それでは授業として不完全と言わざるを得ません。学びに困難のある子も何らかの手立てによって学びを進めることができる。そういう風にしていくことは絶対に必要なことでしょう。それを授業研究レベルで意識できるようにするために、**指導案に「特別支援教育の視点」を入れることは確かに有効**ではないかと思います。さすがは坂井先生です。

先生の話を聞き取るのが難しい子には、先生の話をAIでテキスト化して要約したものを渡してあげる。読み書きに困難がある子には学習者用デジタル教科書の機能を使って学びやすい環境を整える。話し合い活動が苦手な子には友達と話し合う時はオンライン会議で授業に参加することを認める。日本語に困難がある子にはAIにリアルタイムで翻訳させる。手はいくらでもあるはずです。
しかし、指導案では、そういうことよりも「読解を深いものにする発問のどうしたこうした」「子どもの数学的思考を促すなんちゃらかんちゃら」といったことが幅を効かせていないでしょうか。幅を効かせるのはともかく、特別支援教育の視点、忘れてはダメだと思うのですよね。

常識

・指導案に書くのは単元のねらい、教材観、児童観、指導観、本時のねらい、本時の展開…。

非常識

・そういうのも必要だけれど、「特別支援教育の視点」を欠いてはいけないでしょう。

疑問 24

協議会で授業者が辛くなっていないか？

研究授業後の協議会。みなさんの学校ではどのように進められているでしょうか。

時折、聞いているこちらの方が辛くなってくるような、授業者の顔がどんどん青白くなっていくような協議会にお目にかかることがあります。あれ、もうやめたらいいのではないかと思いますが、では、やめてどのようにしたらいいでしょうか。

大荒れ協議会

時は２０１７年６月。私が勤務先である東京学芸大学附属小金井小学校に着任してから最初の研究授業が行われました。

自分で言うのも何ですが、なかなか意欲的な授業でした。２年生の国語。ＧＩＧＡスクール構想に先んじての一人一台環境。グループで議論し、結論をワークシートに記入。それを撮影してロイロノートで提出。ロイロの画面をプロジェクターで映しながらグループごとに発表&議論。最終的に自分はどう考えたかをロイロノートで提出。

書き直してみても「２０１７年の実践としてはよくやったと言っていいのでは？」と思いますが、協議会は大荒れになりました。応援してくださった方もいらっしゃったけれど、多くは批判的な意見。もちろん的を射たものもあったし、自分の授業設計のまずい部分もあったには違いないのですが、なんとなくＩＣＴアレルギーのようなものも感じました。まあ、それを機に中川一史先生（放送大）が「鈴木さんの応援団長になる！」と思ってくださったので個人的にはよかったのですが、「授業者を責め立てる協議会ってどうなのかな」と思ったのでした。

授業研究

授業は提案、授業者は提案者

では、どんな協議会がよいのか。この答えは様々で「これが絶対の正解」というのはないでしょう。私が伺う公立小の協議会では、「学年や教科からの提案説明→授業者の自評→グループ討議→グループ討議の報告→講師講評」という流れが多いのですが、他にも様々な形があり得るかと思います。その学校の規模や教員団の雰囲気によっても変わるでしょうし、研究テーマによっても違ってくるでしょう。

どんな形でもいいとは思いますが、私は「授業者が辛くなるような協議会だけはいやだな」と感じます。

研究授業において、授業は提案であり、授業者は提案者です。この提案がなければ、他の教員は何ひとつ学ぶことができないわけですから、授業者に対しては（それがどのような授業であっても）敬意を払うべきでしょう。もちろん管理職であっても。

もちろん授業は水物ですから、授業者がねらっていたようなものにならないことだってあるでしょう（と言うか、完璧にねらい通りに進む授業があったら気持ち悪いです）。

それはなぜか。どうしたらねらい通りに進んだのか。ねらい通りではなかったが子どもに学びはなかったのか。協議すべきことはたくさんあり、その過程で授業者を責める必要はひとつもありません。

授業者は、授業という提案のボールを投げたのですから、協議会はそのボールを受け取った方が頑張るべき場でしょう。そこから新しい提案が生まれ、研究が前に進んでいく。形はどうであれ、そんな協議会になっていれば建設的かな、と考えています。

さて、みなさんの学校の協議会はどうでしょうか？

――常識――

・研究授業後の協議会は授業者を指導する場だ！

――非常識――

・授業は提案。授業者は提案者。
・研究協議会は、提案を受け取った側が研究を前に進めるための議論をする場。

疑問 25

生成ＡＩの活用なしに授業研究はできるだろうか？

上の問いに対する答を最初に書いてしまうと、もちろん「できます」となります。これまで何十年とそうやってきたわけですからね。でも、生成ＡＩという便利なツールが出てきたこの時代にあって、授業研究に生成ＡＩを利用しないという選択肢、私はあり得ないと思っています。

校内研の準備をＡＩで

ある小学校の校内研に講師で呼ばれた時のことです。事前に指導案が送られてきたのですが、これが大変に力の入ったもので、（これだけの準備をしている研究授業に行って自分が何を話せるだろうか）と途方に暮れるほどでした。

そこで、その授業で扱う教材文全文と指導案をChatGPTに放り込み、「この指導案による授業の期待される点と懸念される点を教えてください」と入力してみました。（もちろん、教材文や指導案をＡＩに学習させない設定にした上で、です。）

するとChatGPTはあっという間に「期待される点」を出してきました。「一、教師の役割と指示の重視：指導案には、教師が授業の進行を細かくコントロールする場面が多く見られます。たとえば…　二、授業の進行プラン：授業の進行が教師によって事前に詳細に計画されており…」という具合に。続けて「懸念される点」も。「一、教師主導の授業形式からの脱却：この指導案は、生徒主体の学びを目指しているものの、教師主導の授業形式からの完全な脱却が課題となっています…」

それらがすべて妥当なものであるとは言えませんでしたが、私が授業後に講演する内容のアウトラインとしては十分でした。

AIを使う時代はもう来ている

この生成AIが出してきたアウトラインを基に講演スライドを作成して、自分なりの言葉を交えて話してみました。

「指導案を拝見した段階では、実は心配していたこともあったのです。一つが『児童主体の学びを目指して、教師主導の形式から脱却できているのかな？』というものでした。その心配を抱きながら授業を見させていただいたのですが、実際には…」

というような感じで。そしてひと通り話し終わったところで、先生方に「ここまでの私の話、どう思われました？」と問うてみました。すると、「非常に考えさせられました」「児童主体の学びについて改めて考えたいと思いました」といった答えが返ってきました。つまり、私の話を「それなりに真っ当なもの」として受け取ってくださったわけですね。

その後、「実はこれ、ChatGPT にアウトラインをつくってもらったんですよ」と種明かしをしたわけですが、驚いた表情の中に何人かは「え、AI？」と怪訝な表情をされている方もいらっしゃったように思います。そんなところにＡＩを使うのか？　という思いがあったのかもしれません。

私のＡＩの使い方の是非はともかく、このエピソードは「**生成ＡＩは授業研究を進めるパートナーになり得る**」ことを示しています。だとすれば、これを使わない手はありません。生成ＡＩが出してきたアイデアをすべて使えるわけではないでしょうが、一つでも二つでも使えるものがあれば儲けものです。授業研究に生成ＡＩを使う時代は、もう到来しているのです。

常識

- **授業研究は自分で考えたり、同僚と話し合ったりして行うもの。**

非常識

- 生成ＡＩを効果的に使う。
- たとえば「完成した指導案を読み込ませて批評させる」。
- それで授業がよくなるのならいいのでは？

疑問 26

研究会講師を信じていいのか？

校内研等で講師に講評をいただくこと、ありますよね？　あそこで語られる内容って本当にすべて信じられますか？　毎回、納得がいっていますか？

「そうはなっていない」という方もいらっしゃるでしょう。では、どうすればいいのでしょうか？

そんな話が聞きたいわけじゃない

研究授業や公開授業、年に何回くらい経験されているでしょうか。私の場合、自分が行う公開授業が年に３～４回、校内研が年に７回、他校の研究授業や公開授業を見させていただくことが年に10回くらい、といったところでしょうか。

その中には、自分が講師を務めるものも含まれているので、自戒を込めて書くのですが、授業後の講師の講評、本当に毎回、満足していますか？

その授業のよかったところ、不十分だったところ等をできれば授業中に撮影した写真や動画を使いながら整理して示し、今後の研究を進める上での課題を明確にする。その上で、参考になりそうな他校の取り組みや最新の研究動向を紹介する。そういった講評であれば、概ね納得がいくのではないでしょうか。

しかし、そんな講評ばかりではありません。その授業の話はちょっと触れるか触れないか。あとはひたすら自分の研究の話（ヘタをすると自慢話）。講演、ならいいのですが、授業後の講評をお願いしているのにこれでは…という「講師の講評」に出会うこと、実は少なくありません。

なぜそんなことになってしまうのか

講師の講評が納得のいかない内容になってしまうのはなぜか。原因はいくつかあるように思います。

基本的には「講師の力不足」ということになるでしょう。その道の専門家ではあっても、授業を見る力はない、見て整理する力はない、といったことは十分にあり得ます。

しかし、そうなると問題なのは「なぜ、その人を呼んだのか」ということです。「教育委員会に割り振られた」というのであれば仕方ないのですが、「偉い○○先生の紹介だから」「その人の本を読んだら面白そうだったから」といったような理由であれば、それは呼ばれた講師ではなく、呼んだ学校側の責任です。

「授業を見て適切に観察し、授業の数十分後に成果と課題を整理して示す」というのは、考えてみれば非常に高度な仕事です。ある分野では非常に高い研究業績を有している人であっても、そういった力は持ち合わせていない、ということはあるでしょう。

ということは、**講師を呼ぶ学校側が「この人は研究会講師として適切だろうか」ときちんとリサーチをする**必要があります。リサーチの方法としてもっとも有効なのは「他校の研究授業・公開授業を見に行く」ということです。「自分も見た授業を、この先生はどう評価するのだろう？」という視点で年に10回、研究授業を見に行ったとして、その中の3回くらいは「この先生の講師講評はよかったな」というものだったとします。それは即ち「自分の学校の研究会講師候補を３人見つけた」ということになるでしょう。

そうした地道なリサーチが実のある研究会の実現につながるのではないでしょうか。ということで、他校の公開授業、たくさん見に行きませんか？

――常識――

・研究会講師の講評は当たりハズレがある。

――非常識――

・ハズレの原因は講師だけにあるわけではない。
・きちんとリサーチして当たり講師を招聘する。

疑問27

実りある講演会の聞き方になっているか？

どんな素晴らしい先生の充実した内容のお話であっても、ただ聞いているだけだと辛くなることがあるのではないでしょうか。
今や話の聞き方もいろいろです。様々な方法にトライして、研究会や講演会を少しでも実のあるものにしていってはどうでしょうか。

睡魔との戦い

　本校の研究発表会などは、まさにそうなのですが、「まずは公開授業。その後、授業の協議会があって、最後に大学講師の講演会や、複数の講師によるパネル・ディスカッションがある」というような構成の研究会、ありますよね。

　最後の講演会やパネル・ディスカッションが午後に設定された場合、結構な割合で寝ている方がいらっしゃいませんか。と書いている私も寝てしまうことがあるのですが、まあ無理もないと思うのです。

　午前中の公開授業は大抵、立ち見。それだけで疲れますし、協議会も頭を使います。そうやって疲れが重なったところで昼食を取ってお腹いっぱいになり、その後、体育館でパイプ椅子に座って講演を聞いたら…。

　おまけに学校にあるプロジェクターって大抵はそんなに性能が高くないのでスクリーンに投影される画面はちょっと暗め。それを補うべく体育館そのものを暗めに設定していることもあります。これはもう「どうぞお休みください」と言わんばかりです。しかし、寝る間もなく講演会が進む必殺技があるのをご存知でしょうか。

参加者もアクティブに

講演会やパネル・ディスカッションで参加者がなぜ寝てしまうのか。環境的な理由は先に書いた通りですが、もっと本質的なことで言うと、要するに参加者は「聞いているだけ」だからです。

学校の授業でも、「先生がずっと話していて子どもは聞いているだけ」という時間が長くなると、退屈になった子どもがおしゃべりしたりいたずら書きしたり寝たりしますよね。あれと同じで、学校の先生だって「ただ聞いているだけ」の時間が長くなれば眠くなってしまうわけです。

では、どうすればいいか。**参加者にもアクティブに活動してもらえる場を用意すればいいのです**。それはXでもPadletでもふきだしくんでもなんでも構いません。主催者が参加者もアクティブになれる場を用意すれば、参加者は講演を聞きながら気になったことをどんどん書き込んでいけます。

Padletのように投稿に対して返信もできるような環境を整えておけば、壇上の話とは別に参加者間で議論を深めていってくれることも起こるでしょう。

もちろん「講演の最中にそんなことをしているのはおかしい！　話を聞くことに集中すべきだ！」と考える方もいらっしゃるでしょう。そういう方は、じっくりと話を聞いていただければいいわけです。

しかし、参加者同士で交流しながらの方が理解が深まる、インプットと同時にアウトプットした方が考えが整理される、という方もいらっしゃるのは事実。であれば、環境だけは整えておいてもいいでしょう。

講演の聞き方も、一つではないのです。

・講演はじっくりと集中して聞くべきだ。

――常識――

――非常識――

・どんないい講演でも、聞いているだけでは寝てしまう。
・バックチャンネルを用意してアクティブに聞いてもらうのもあり。

疑問 28

「教員が書いた本」は本当にすべて役に立つか？

この節のタイトルを見たら誰だって「この本だって教員が書いた本だろう！」とおっしゃるのではないかと思うのですが（いや、本当にその通りなのですが）、やはり疑う価値はあろうかと思います。

　自戒を込めて書きます。「教員が書いた本」、疑ってかかって読みましょう。

続々と出版される教員本

現場の教員が書いた本（以下、教員本）は昔から多くありました。

大学の教職課程の教科書になりそうな書籍（「教育心理学入門」とか「教育の方法と技術」とか）は、研究者の先生方が書く場合が多そうですが、各教科の指導法ということになると教員本もかなりありますよね。

以前は、そうした各教科の指導法についての本が多かったように思いますが、やはりＧＩＧＡスクール構想以後は、一人一台タブレット環境をどう使うかをテーマにした本が多くなってきているような印象です。（違うかもしれません。あくまで私がパッと見渡して思うことなので…。）

特定のアプリケーションの活用方法についての本も増えてきました。かつてはＩＴ系の出版社がビジネス向けに構成したアプリケーションの使い方の本を読んで、教育現場に援用していたような気がしますが、今は正面から「このアプリを教育現場でどう使うか」ということをテーマにした本が簡単に手に入ります。と言うか、私もそういう本に何冊か関わっているのですが。

教育はそんなに単純じゃない

そうした教員本が百花繚乱の様相を呈していること自体は喜ばしいことなのではないかと思っています。何しろ学校の先生は勉強熱心・研究熱心です。その成果を一冊の本にまとめたいという気持ちは理解できますし、そこから読者が得られるものが大きい場合も多いでしょう。

ただし、やはりどこかで疑いを持って読むことは必要でしょう。というのは、楽観的と言うか短絡的と言うか、そういう記述を含む本もないわけではないからです。

たとえば特定のアプリケーションの解説本。そのアプリケーションの操作の話であれば「これを行えばこうなります」と断定的に書かれているのはわかります（と言うか、そうでなければ解説になりませんよね）。しかし、**「このアプリケーションのこの機能を使えば子どものコミュニケーションが活発になって思考が深まります」とまで書かれると「待てよ？」と思うのです。**

それは恐らく、その先生の学級、その先生の授業ではそうだったのでしょう。しかし、それがどこの学校のどこの学級でもそうなると言い切れるでしょうか。言い切れるわけがないですよね。「このアプリケーションのこの機能を使ったら、私の学級ではこうした子どもの変容が見られました。つまり、この機能には子どものコミュニケーションを活発にしたり思考を深めたりする可能性があると言えるのではないでしょうか」ならわかります。

そうした持って回ったような抑制的な言い回しをしていたら「売れる本」にはならないかもしれません。しかし、我々が携わっているのは教育です。そもそも「こうすればこうなります！」という簡単な解のない世界で働いているのです。

となると、教員本もどこかでややこしさを持たざるを得ないのではないかと思うのですが。

―― 常識 ――

・教員本に書いてあることは役に立つ！

―― 非常識 ――

・役に立つこともあるだろうけれど、疑いを持って読むことも必要。

疑問 29

専門家の本はすべて正しいのか？

書籍を手に取る時、「○○大学の△△先生が書いた本なのだから、きっと素晴らしいことが書いてあるに違いない」といった期待に満ちていることがありはしないでしょうか。

気持ちはわかりますが、私はそういう気持ちで書籍を手に取ることはしません。少々ひねくれているかもしれませんが、もっと冷たく考えています。

本は踏みつけてから読め

遥か彼方昔の学部時代。ゼミの教室の壁には1枚の絵、と言うか、マンガが飾られていました。一人の学生が椅子に座ってこちらを見ています。彼の足元には本が広げられていて、あろうことか彼はその本を踏みつけているのです。そして、この絵の脇にはこんな言葉が書かれていました。

「本は踏みつけてから読め」

何だ、それ？　と思っていたら教授が説明してくれました。

「君たちは今まで本を読む時、『この本にはどんないいことが書いてあるのだろう』『この本からはどのような有益な情報を得ることができるのだろう』と思っていたのではないかな。だが、これからはそれではダメだ。これからは『この本にはどんな間違ったことが書かれているのだ？』『この本の問題点はどんなところだ？』と考えながら読むようにしなさい」

先生は重ねておっしゃいました。

「学会誌というものがある。そこに書かれた論文はすべてそうした批判的な読み方に晒される。そして、間違いがあれば容赦なく厳しい指摘を受ける。発表した人間はその指摘に対して回答していく。その回答も批判に晒される。厳しいようだが、それによって学問は進歩するのだよ」と言って、当時の若手研究者（今は教育ＩＣＴ業界の超重鎮なのですが）の論考がいかにいい加減なもので、それに対して自分がどのような批判を行い、それに対して相手がどう返答してきたか、といった例を見せてくださいました。

その回のゼミは正しく「批判的思考力入門」の趣で、非常に勉強になったのを覚えています。

どんな本でも取るべき態度

ということで「専門家の本」です。

もちろん、いろいろといいことが書かれているでしょう。大抵は。しかし、単著ならともかく大勢の著者が携わっているものになると、中にはやっつけ仕事で書いた原稿だってあるかもしれません。専門分野でないのに頼まれたから仕方なく書いた原稿だってあるかもしれません。あるいは単著だって、想いが強すぎるために筆が滑っていることだってあるかもしれません。そこはやはり批判的に読んでいく必要はあろうかと思います。

そして私が特に厄介だと思うのは、**こと教育に関しては誰でも何かしら言えてしまう**ということです。脳科学者であろうと経済学者であろうとＡＩ研究者であろうと誰でも自分の専門分野から切り込むことができてしまうのです。しかし、それらすべてが実のあるものである保証はどこにもありません。むしろ、現代の学校教育についての知識が欠落しているのに無責任に書かれている（としか思えない）ものもあります。

名前や所属に惑わされず、批判的に読むことが大切だと考える所以です。

常識

- 専門家の書籍は正しい。
- 専門家の書籍から得られるものは大きい。

非常識

- どこの誰が書いた本であろうと、批判的に読むことが大切。

疑問 30

有識者の言説は常に正しいのか？

何か新しい課題が出てくると設置されるのが有識者会議。その道の第一人者が集められて議論するわけですから、さぞかし有意義な議論が展開されているのだろうと思うわけですが、果たして常にそうでしょうか？

ここも疑ってかかった方がいい部分があるように思っています。

非有識者から有識者へ

「非有識者連合」をご存知でしょうか。生成ＡＩの教育活用にかなり早い段階で取り組んでいた安藤昇さん、安井政樹さんと三人で登壇することになった時、「ユニット名を考えよう」という話になって、私が出したアイデアが「非有識者連合」でした。

この「非有識者連合」という名前、もちろん所謂「有識者」に対するアンチテーゼから生まれたものだったのですが、よりによって自分が文部科学省の「初等中等教育段階における生成ＡＩの利活用に関する検討会議」の委員に選出されてしまいました。立派な有識者です。やれやれ。もちろん「断る」という選択肢もあったのですが、「この国に**インストール不可能な夢を語るよりは、不十分であっても具体的な施策に踏み込めるチャンスがあるならやるしかない**だろう」と決意して取り組んだのでした。結果、いろいろと考え込むことになったのですが。

なお、ここからの文は「初等中等教育段階における生成ＡＩの利活用に関する検討会議」の委員の方々のことを書いたものではありません。委員の先生方は魅力的な方ばかりでしたが、会議の委員を務める中で「有識者」という存在についていろいろ考えたのです。

情報発信・情報収集

有識者も玉石混交

当たり前の話ですが、有識者も玉石混交です。本当に優れた議論を展開する方もいらっしゃるし、現場で日々実践をしている者には思いつかない大局的な視点から大切なことに気づかせてくださる方もいらっしゃいます。

しかし、そんな方ばかりではありません。特に困るのは何があっても自分の主張を変えない方です。強い主張をお持ちなのは構わないのですが（と言うか、それは有識者に求められる資質の一つでしょう）、どんな質問をされても、どんな意見を受けても、一切変わろうとしない方。こういう方は困ります。

そして、それ以上に困るのが「古い教育観にしばられている方」です。現行学習指導要領が何を目指しているのか、現代の学校でどのような授業が行われているのか。そういった教育の基本的なトレンドには一切、目を向けることなく、おそらくは「自分が受けてきた教育こそが正しい」とか、「自分が受けてきた教育が今も続いているのだ」とか、そういった思い込みのもとに滔々と意見を述べる方は、本当に困ります。一斉画一オンリーとか知識注入偏重といった古い教育観・学習観で語られても…と思わざるを得ません。

そういう人の言説は、基本的には無視していればいいです。しかし、うっかりするとそうした妄言が有識者会議の議事録に残り、何か大切なことであるかのように受け取られる危険がないとも限りません。

ですから、私は現場で奮闘される先生方に声を大にして言いたいのですが、有識者の中でも時代錯誤でまともなことを言えない人の妄言がこの国の教育をミスリードしないように、価値ある実践をもっともっと世に問うていかねばならないのです。**この国の教育を変えるのは有識者ではありません。現場の先生方なのです。**

—— 常識 ——

・有識者はその道の第一人者。
・価値あることを言っているに違いない。
・有識者の説が国の教育をリードする。

—— 非常識 ——

・現代の教育のトレンドに無知な有識者に価値はない。
・教育を変えるのは現場の先生。

疑問 31
附属学校の研究には どんな価値があるのか？

私も所属している国立大学附属学校。その研究発表会には、場合によっては何千人もの先生方が集まることがあります。
しかし、その附属学校の研究、本当に価値があるのでしょうか？

違和感だらけの研究発表会

私も国立大附属小の教員で、研究発表会などで授業を公開することがあるわけですが、他附属の研究発表会もいくつも行っています。そうした中で、よくわからないものにお目にかかったことがあります。

それは某県附属小の国語の授業だったのですが、見事に台本通りに授業が進んでいました。子どもたちに何らかの指示が飛んでいたのは明らかで、判で押したような展開の授業が進んでいきました。恐らくはそれが非常にうまくいったからでしょう。終始、笑顔だった授業者の先生は最後に見るからに優秀な子に「今日の授業の感想を言ってごらん」と言いました。突然、練習していなかったことを聞かれたその子はしどろもどろになって、直前の友達の発言とほぼ同じことを絞り出すように言いました。するとその後ろに座っていた男の子がこう叫びました。

「パクリじゃん！」

その男の子のことを見る先生の目の怖いことと言ったら。ここから何を学べるのだろうか、と思ったのでした。

一番、困るのは

しかし、一番「ここからは何も学べない」と思ったのは、別の附属の「名人芸を見せる授業」でした。その先生は全国的にも非常に有名な先生で、会場も大入り満員。協議会もさぞや盛り上がるのだろうと思ったのですが…賛美で溢れていました。

確かに賛美されるような素晴らしい授業ではありました。その先生の長いキャリアと深い研究に裏打ちされているのはもちろんですが、恐らくは普段からの指導が効いていて、子どもたちは次々といかにも授業が盛り上がる発言をしていました。授業そのものは非常にオーソドックスで新しい提案が盛り込まれたようなものではありませんでしたが、まさしく名人芸的な授業。賛美に次ぐ賛美。

でも、そこから何が学べるというのでしょうか。その先生だからできる授業をどれだけ見せられても、賛美することはできても学ぶことはできません。新しい提案があればそれについて検討することもできますが、それもできません。

かつてはそういう名人芸の開陳が求められる時代もあったのかもしれません。しかし、今、必要なのは「そこから何を学べばいいのかわからない名人芸の開陳」ではなく、「**次**

の時代を見通す手がかりを得られる提案性の高い授業」ではないでしょうか。そのためには「授業者の名人芸」ではなく**「子どもが積み重ねている学習のプロセス」を見せることに注力すべき**ではないでしょうか。

附属はそういう授業を見せていかねばなりません。それができない附属は、その役割を終えざるを得ないだろうと考えています。

―― 常識 ――

・附属の研究発表会で見られるのは名人による素晴らしい授業。

―― 非常識 ――

・名人芸はもういらない。
・求められているのは提案性の高い授業。
・挑戦しない附属に価値はない。

疑問 32

「それは附属だから できるのではありませんか」 は正しいのか？

公開授業や実践発表の後、必ず言われるのが「それは附属だからできるのではありませんか？」というもの。
あまりにも言われるので、最近はネタにするようになってきているのですが、その発言は「思考停止していることの証明」になっていませんか？

「それは附属だからできるのではありませんか？」の背景

この問いの根拠は、大抵の場合、「だって附属は子どもが優秀でしょう？」というものです。「その授業は附属の優秀な子どもたちを対象にしているから成立するのであって、公立学校では無理だ」というわけですね。

「その発想がそもそも子どもに対して失礼なのではないかな」と思わなくもないのですが、まあそれは置いておいて話を進めましょう。

「その授業は附属の優秀な子どもたちを対象にしているから成立するのであって、公立学校では無理だ」という時の「その授業」ですが、当たり前ですがいろいろな要素から成り立っています。目標設定は？　教室環境は？　共有の手法は？　個への対応は？　教師の働きかけは？　教材は？　…きりがないですよね。

確かに、それらをそのまま持ってくるのは無理かもしれません。ですが、使えそうなところを取ってきて、それに自身の工夫も重ねてよりよい授業にする、ということは可能でしょう。「それは附属だからできるのではありませんか？」で済ませないで、こういう視点で見ていただければいいのにな、と思わずにはいられません。

授業を見る視点を問い直す

「でも、そもそも…」と思うのです。附属ではなくて公立小学校同士でだって「それは○○小だからできるのではありませんか？」ということになりはしないでしょうか。たとえば、ある公立小学校での実践をそのまま別の公立小学校に持って行って実践する、などということは可能でしょうか？

いや、無理でしょう。その授業が行われる学級を構成する要素は子どもだけではありません。教師の経験や力量、環境や設備、学校として取り組んできていることの積み重ね等々。その授業を行う学級を構成する要素が何もかも「全く同じ」ということはあり得ません。

だから「それは附属だからできるのではありませんか？」という問いをするのなら、附属であろうと私立であろうと公立であろうと関係なく、すべての学校のすべての実践に対して「それはあなたの学級だからできるのではありませんか？」と問わねばならなくなります。そしてその答えは恐らくYesです。

では、「その学級だからできている実践」から学ぶことはないのでしょうか。そんなことはありませんよね。どんな実践からも学ぶことはあります。前提となっている条件が明らかになれば「どこをどうやって自分の実践に取り入れられるか」も明確に見えてきます。

特に公開授業は提案なので、中には「ねらいを達成できなかった授業」になってしまう場合もあるでしょう。ですが、そうした授業を見ることで「そうか、ここではこういう手立てをするとうまくいかなくなるのだな。では、どうする？」と考えることができます。

というわけで、「それは附属だからできるのではありませんか？」ではなくて、**その授業から何を学べるかという風に考えた方が建設的なのではないか**、と思うわけです。

常識

・その授業は附属の優秀な子どもたちを対象にしているから成立するのであって、公立学校では無理だ。

非常識

・どんな実践からも学べることはある。
・「その授業から何を学べるか？」という視点を持つことが大切。

疑問33 「こうすればうまくいく」実践発表でよいのか？

実践発表。私もやります。やりますが、それでもあえて言わせていただくと、最近、あまりにもいい加減な実践発表が多すぎませんか？　美辞麗句に溢れている。やたらとポジティブ。「こうすればうまくいく」というマニュアルのような発表。

そんないい加減な実践発表、脱してはどうでしょうか？

カッコいい実践発表

あるイベントに請われて登壇した時のことです。自分以外はどんな発表があるのだろうと思ってプログラムを見てみたら、それはそれはカッコいいタイトルの実践発表で溢れかえっていました。

「主体的な学びを○○○で実現！」

「個別最適な学びは○○○で！」

「○○○が子どもの創造性を伸ばす！」

プレゼンも実にこなれたカッコいいもので、聞いているだけで「そうか、○○○を使えばこういう授業ができるのだな！　自分も明日からやってみたい！」と思わされるようなものばかりでした。

しかし、ふと冷静に考えると「この人は『主体的な学び』をどのようなものと捉えているのだろう？　なぜ、それが○○○で実現できるのだろう？」「個別最適な学びは○○○でと言うけれど、○○○と決めてしまったら既にそこで個別最適でない場合も発生するのでは？」といった疑問が次から次へと浮かんできます。

どうも、そういう「カッコいいけれど何だか怪しい」実践発表をされている方々の中には「実践発表なのだから、成功した事例を話さなければ意味がない」と考えているフシがあるように思えてなりません。そうするとどうしても話は美しい上っ面だけのものになっていってしまうのではないでしょうか。

また、中には「〇〇〇」を入れることが決まっている発表もあるようです。そうするとますます「〇〇〇の美点を言わねば」という気持ちが出てくるのではないでしょうか。そうなると「その授業の中で〇〇〇を使ってうまくいった部分を話そう」となるのは致し方ないでしょう。本当はその授業でうまくいかなかったことがあったとしても。

実践発表に説得力を持たせる二つの方法

では、実践発表に説得力を持たせるにはどうしたらいいでしょうか。私は二つの方法しか知りません。

一つは学術的な研究にすることです。事前調査、事後調査をしっかり行い学びの変容を見る。場合によってはムービーを撮ったり、子どものログを確認したりする。結果は統計的に処理を行い有意な結果が出るかどうかを確かめる。そういった面倒で手間はかかるけれど**確かな説得力を持った研究に昇華させる**。それが第一の方法です。

第二の方法は、もっと単純かつリアルなものです。そう、**授業を実際に見てもらえばいい**のです。「〇〇〇使って実践したら子どもがこうなった」というプロセスを見てもらえばいい。何も大規模な公開授業でなくて構いません。校内で何人かに見てもらうだけでもいい。誰かに見てもらうこと、そこから始めればいいのです。

―― 常識 ――

・実践発表は成功事例を見せるものだ。

―― 非常識 ――

・成功事例だけの実践発表なんて胡散臭い。
・研究に昇華させるか、授業を見せるか。どちらかはすべき。

疑問34

SNSはどう有効活用するべきか？

対面、オンラインを問わずセミナーを主催することが年に何回かあります。その集客の手段としてもっとも有効なのがSNSです。情報を発信する手段として、これだけ手軽で多様な発信手段を取れるもの、そうはないでしょう。では、どんな使い方をすべきでしょうか？

無縁ではいられないＳＮＳ

現代社会において、ＳＮＳと無縁でいることはなかなか難しいでしょう。私の場合も多少の鬱陶しさは感じつつも利用させてもらっています。

速報はＸやFacebookで。ある程度まとまったテキストとして残したい場合はnoteへ、動画でないと伝えられないことはYouTubeへ、というように用途に応じて使い分けているという感じでしょうか。そうやって自分の考えや授業実践を発表することが新しいプロジェクトにつながったり、主催するセミナーの集客につながったりするので、便利に使わせてもらっているわけです。

失敗はいくつもしています。冗談のつもりで書いたことがそうは受け取ってもらえなかったということもありましたし、きちんと書いたのに全部読んでもらえなくて誤解されたことも何回かあります。

では、ＳＮＳの発信を止めたくなったかと言うと、そこまでのことはなかったように思います。やはりＳＮＳでなければなし得ないだろうな、と思うことがあるからなのですが、それについて書いていきましょう。

ＳＮＳ利用のマイルール

ＳＮＳでの発信は、時に批判にさらされることがあります。そうした批判は、耳の痛いものであることは間違いありません。しかし、その**批判に耳を傾け、「自分の考えは間違っているだろうか」「自分の文章の意図が伝わっていないのはなぜだろうか」と考えることは非常に大切だ**と考えています。

正直、この年になるとなかなか正面切って批判してもらえることは少なくなります。だからこそ、批判には真摯に耳を傾けないとな、と思うとともに、自分も「これは間違った考えだ」というものに出会ったら、正当に批判的意見を言うのが責務であろうと考えています。そういった場面に、たとえば学会等に出向かなくても立ち会えるのはＳＮＳの魅力でしょう。

ただし、ＳＮＳ上の匿名の方からの批判的な書き込みは相手にしません。私は実名を出して投稿しているのですが、それに対して匿名でああだこうだと言われても、そもそも正当な議論が成立しません。ですから、匿名の書き込みには基本的に反応しないことにしています。

知り合いの中には、匿名の方からの批判にも真摯に対応している方もいらっしゃいます。軽く炎上のようなことになっても議論を続けようとするのを見ることもあります。それを否定はしないのですが、私は有限な自分の時間を考えた時、そこにエネルギーを割く余裕はないと判断しているので反応しません。反応すると火に油を注いでますます消耗することになりかねませんが、反応しなければ…それで終わりですからね。

「正当な批判は受け止めて真摯に対応する。しかし、見えないところから石を投げつけられても投げ返さない」がSNSを利用する上でのマイルールなのですが、これも疑った方がいいでしょうか？

—— 常　識 ——

・SNSで炎上したら大変。発信なんて止めた方がいい。
・もし炎上したらきちんと対応しなければならない。

—— 非常識 ——

・SNSは「正当な批判を受けられる場」として便利に活用。
・匿名の投稿には反応しない。

疑問35 セミナーは対面か、オンラインか？

コロナ禍が終わった今、対面・オンラインを問わず様々なセミナーが数多く開催されています。セミナーは、情報発信手段としても情報収集手段としても極めて有効ですが、どんなセミナーでも価値があるかと言えばそうではありません。開催する側にはどのような考え方が必須でしょうか。

セミナーの形は数あれど

明確な理念があり、伝えたいコンセプトがあり、議論したい題材がある。そんな人にとってセミナー（でもフェスでも何でもいいのですが）を開催し、多くの方と考える時間を持つことは非常に有益です。私もそういうセミナーを毎年、開催しています。

このセミナーの開催方法に革命が起こったのが、新型コロナウイルスが猛威を振るった２０２０年でしょう。これ以後、オンラインセミナーは非常に身近なものになりました。それまでは公開授業を行っても100人集めるのは大変なことでしたが、テーマや登壇者が時宜を得たものであればあっという間に100人以上の参加者を募ることができるようになりました。

とは言え、オンラインで公開授業を行うことは非常に困難です。授業者が何を言っているかをわかるようにするのはまだいいとして、子どもの発言をすべて聞こえるように拾うのは至難の業。グループ活動にでもなろうものなら、その声を拾って伝えることは、ほぼ不可能です。

このような事情もあって、コロナ禍が収まると「やはり対面がいいよね」という流れになるのは当然のことですが、そうなると「地方の人間は参加できない」という声も上がってきます。それではとばかりにハイブリッド型のイベントにすると、今度は主催者側の手間が倍増します。予算が潤沢にあるならプロに頼めばいいわけですが、手弁当で行っているイベントだとスタッフが疲弊します。

セミナーを開催しての発信、どう考えればいいでしょうか。

意味のあるセミナーと意味のないセミナーの境目

答えは単純で「目的に合った形のセミナーを、割けるリソースの範囲内で運営する」ということにならざるを得ません。授業を見てもらって協議したい→対面にしよう→会場のキャパシティは300人→スタッフは5人→予算はない→大規模なイベントは無理→人数制限をしよう、みたいなことになっていくのではないかと思います。

ところが、この「目的に合った」ということが考えられていないものが実は少なくありません。最近の様々な教育セミナーを見ていると、正直、何のためにやっているのかよくわからないものもあるように思います。何だか有名な人を揃えてはいるけれど、そのテーマは（言葉は美しいけれど）曖昧なもので、結局、何を伝えたいのかよくわからない。人は大勢集めているけれど、特段、議論が深まっているようには思えない。オープンで誰でも参加できるようなことが書いてあるけれど、行ってみたら排他的で特定のコミュニティに属していないと居心地が悪い。それでは仕方がないと思うのです。

大切なのは、何よりも目的です。**何を訴えたいのか、何を伝えたいのか、何を議論したいのか。そういったことを明確にすることなくセミナーを開催しても何にもなりません。**対面、オンライン、ハイブリッド、どんな形をとるにしても「自分たちは何のためにセミナーを開催したいのか」ということを、しっかり議論してから開催すべきでしょう。

常識

・大勢、人を集めればセミナーは大成功だ！

非常識

・どれだけ人を集めても理念がなければセミナーを開く意味がない。

疑問 36

教師として どのような在り方を目指すか？

私の教員としてのキャリアは、多分、相当に変わっているのだろうと思います。公立小で働いたことはなく、私立と国立だけ。おまけに管理職になろうと思ったことはただの一度もありません。そんな人間がこんなことを書いても説得力はないかもしれませんが、五〇代、頑張りましょうよ。最後まで新しいことに挑戦するの、楽しいですよ？

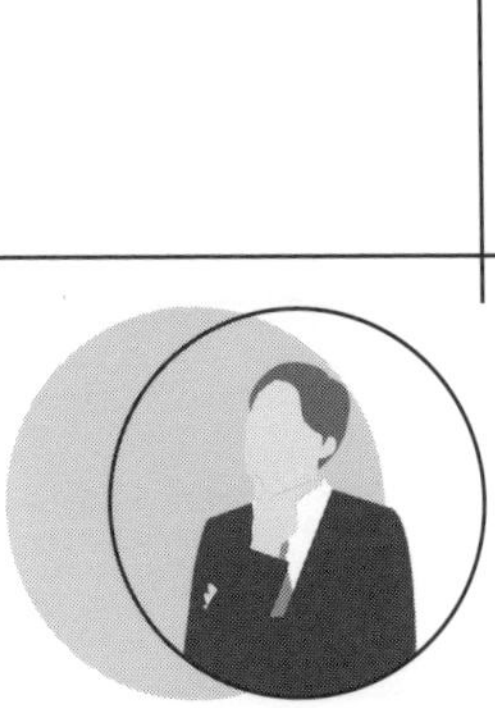

くっきりと分かれる教員の姿

　ありがたいことに公立小学校から講師のご依頼をいただくことが度々あるのですが、大抵、どこの学校でも校長先生は私より年下です。まあ、それだけ私が年を取っているということですが、お会いするどの校長先生も実に堂々とされていて、貫禄十分。お話をさせていただく度に「自分は年齢は上だけれど、何と落ち着きがないのだろう」と思わずにはいられません。

　研究会の講師に呼んでいただくのには「校長先生主導で呼んでいたたく」「研究主任主導で呼んでいただく」「教育委員会主導で呼んでいただく」といったパターンがあります。だいたい研究会の講師に私を呼ぼうという方は、それだけでかなり冒険心があると思うのですが、学校全体に冒険心が満ちていることは非常に稀です。熱いラブコールをいただいて訪れたものの、学校全体としては冷めた空気に満ちている、ということも正直、ありました。また、学校全体としては盛り上がっていても、それに乗り切れない方がちらほらと見えることも。

　そうやっていろいろな学校を見させていただくうちに強く思うようになったのですが、

管理職であるかどうかは関係なく、「新しいことに挑戦するのを続けている人」と「新しいことに挑戦するのをやめた人」との差は非常に大きいです。

教師としての在り方は人それぞれですが

「新しいことに挑戦するのをやめた人」は、なぜやめてしまったのでしょうか。いろいろな理由があるのだと思いますが、恐らくは「新しいことに挑戦する必要がなくなった」のが大きいのではないでしょうか。年数を経て様々な技術を身につければ、大抵のことはそつなくこなせるようになります。そうなってくれば、何も新しいことに挑戦する必要はない。余計な労力はかけたくない、となっても不思議はありません。

では、逆に「新しいことに挑戦するのを続けている人」は、なぜ続けているのでしょうか。え、暇だから？　いやいや。理由はいろいろでしょうが、恐らくは新しいことに挑戦するのが純粋に楽しいと感じている人が多いのではないでしょうか。

かく言う私もその口です。何もこの年になって生成ＡＩになんて手を出さなくても、小学校教諭の仕事はできます。授業だってきちんとできます。でも、生成ＡＩを活用した授業を行うことで、これまでの教育ではできなかったことができる。これまでは見られなかった成長を子どもの中に見ることができる。どれだけ「いい年してよくやりますね」と言われても、そういうのが楽しくて仕方ないのです。

どちらがベテラン教師の在り方として正しいのか。もちろん、答えは人それぞれで、どれが正解というものはないでしょう。ただ、私としては**「新しいことに挑戦するのを続けている人」であること**を強く進めますね。なぜなら、我々が相手にしている子どもたちは「新しいことに挑戦するのを続けている人」なのですから。

―― 常識 ――

・ベテランになってから、わざわざ新しいことに挑戦する必要はない。

―― 非常識 ――

・年齢は関係ない。新しいことに挑戦するのを続ける人でいることは楽しい。

疑問 37

伝統は守り続けなければいけないのか？

伝統。普通、この言葉はポジティブな意味で使われることが多いでしょう。

しかし、伝統とは何でしょうか。そんなに価値のあるものなのでしょうか。変えることなく守り続けなければならないことなのでしょうか。

いや、実はそんなことはないと私は疑っています。

格が違うイートン校の伝統

もう20年以上前ですが、研修でイギリスのイートン校を訪ねたことがあります。イートン校はイギリスのパブリックスクールの超名門。首相を何人も輩出している学校（日本で言うところの中高一貫校）です。

いろいろと強烈だったのですが、奨学生専用の食堂がビックリでした。テーブルがやたらと趣のあるものだったので聞いてみると「ネルソン提督が乗っていた船の甲板に使われていた板でつくったという伝説もある」というのです。ネルソン提督って18世紀の人です。すごいな、と思っていたら「まあ、学校が創立されたのは１４４０年ですから、それに比べれば新しいのですが」とのこと。頭がクラクラしてきたのを覚えています。

その時、私は当時で創立150年にならんとする学校法人に勤務していましたが「150年くらいで『伝統』なんておこがましいな…」と感じたのを覚えています。当時の勤務校だけでなく、日本中のどこの学校だってイートン校に比べれば『伝統』と呼ぶほどのものを持っていないわけですよね。でも、「伝統ある○○」みたいな言葉はよく目にします。なぜなのでしょうか？

どんなくだらないことでも

「伝統ある○○」「伝統を守って○○」というような言葉がよく使われるのはなぜでしょうか。恐らく「便利」だからです。

学校で何かをしようと思ったら、その理由を説明しなければなりません。しかし、「伝統」を持ち出せば説明は不要です。「それが本校の伝統だからです」で済みますからね。

では、「それが伝統だからです」で説明を済ませられるのはどんな時かと言うと、「これまで続いてきたことを変えたくない時」です。何かを変える時は逆に「これまでは○○とするのが伝統でしたが、△△に変えたいと思います。その理由は…」と言わねばなりません。どちらの方がエネルギーを必要とするかは明らかでしょう。

だから、「伝統」という言葉は守旧派にとっては非常に都合のいい言葉なのです。**そのひと言で人々を思考停止に追い込むことができる魔法の言葉になり得る**のです。

その「伝統」を疑ってみましょうよ、というのが私の立場です。「それが伝統だからです」と言われたら「その伝統に合理的な理由はあるのですか?」「その伝統を守ることが正しいと証明するエビデンスはあるのですか?」と言って煙たがられてきました。今もそうです。それはなかなか辛いことではあるのですが、学校を進化させようと思ったら、それは必要な問いではないでしょうか。

最後に私が初任の頃、信頼する先輩から教えられた言葉を紹介しましょう。

「どんなくだらないことでも30年続けばそれは伝統になる」

その「伝統」が本当に意味のあるものか、実はくだらないものか。問い直してみませんか？

―― 常識 ――

・伝統には価値がある。
・伝統は守るべきものである。

―― 非常識 ――

・伝統に価値があるかないかを疑ってみる。
・そもそも、それは伝統なのかも疑ってみる。

疑問 38

コミュニティに所属する目的は？そのままで達成されるか？

実社会で生きている以上、人は何某かのコミュニティに属しているはずです。

あなたの属しているコミュニティは居心地がいいでしょうか？　それはなぜでしょうか？　あなたはこれから先も本当にそこに属していくべきでしょうか？

一度、疑ってかかってもいいかもしれませんよ。

数多あるコミュニティ

あなたはどのようなコミュニティに所属していますか？　普段、あまりそれをコミュニティとは意識していないかもしれませんが、「共通の関心や目標、あるいは地域などによって結びついた人々の集まり」がコミュニティであるとすれば、いろいろとあるのではないでしょうか。

ボランティアや地域での活動のコミュニティに属しているという方もいらっしゃるでしょうし、趣味のスポーツチームや音楽サークルなどに属しているということもあるかもしれません。

仕事と結びついているために「コミュニティ」とは意識しづらいかもしれませんが、教科毎の研究会などもコミュニティと言えなくもないでしょう。所属している学会があるなら、当然それも一つのコミュニティです。

教育ＩＣＴ関連では、近年、様々なコミュニティが立ち上がっています。教員の自主的な集まりもあれば、企業の公認（であったりサポートであったり資格であったり）によって成り立っているようなものもあります。

コミュニティに属する目的は？

それらのコミュニティにあなたが属しているのはなぜでしょうか。その目的は妥当なものでしょうか。目的の達成に対して、そのコミュニティに属していることは有効に機能しているでしょうか。そういったことを考えてみませんか？

そもそも、なぜそのコミュニティに属しているのでしょうか。「どこかの教科部会に入らないといけないから仕方なく国語部に…」というような消極的な理由だと、属していることが徐々に辛くなっていったり、そこでの活動に消極的になっていったりするはずです。限られた時間の使い方として、それはどうなのか、考えてみてもいいでしょう。

あるいは自主的に参加したコミュニティ。そこに参加した理由は何でしょうか？　有益な情報を得るため？　新しい技術や考え方を得るため？　参加した当初は、そうした何かしら「自分を高めよう」という目的があったはずなのに、いつの間にか「そこに仲間がいるから」「そこにいると心地がいいから」に変わっていることはないでしょうか。

それが悪いと言っているわけではありません。仲間は必要だし、自分が自分らしくいられる心地のいい場所がなければ、肝心な時に力を発揮できないということもあるでしょう。

でも、それがいつの間にか「愚痴を言い合うだけ」「傷を舐め合うだけ」になっていることはないでしょうか。

それならまだいいかもしれません。ひどいコミュニティになると「お互いを称賛し合うことしか許されない雰囲気」になってはいないでしょうか。そのようなコミュニティに身を置くことは「心地いい」かもしれませんが、**あなたがそのコミュニティに属することに期待していた当初の目的に叶うことでしょうか**。ちょっと疑ってみてもいいかもしれませんよ。

―― 常識 ――

・教員のコミュニティに属することで自分を高められる。

―― 非常識 ――

・時を経ると変わってしまうこともある。
・自分にとって、そのコミュニティに属することは本当に価値があるか再考すべき。

その他

疑問 39

お金の話はタブーなのか？

終盤も終盤でお金の話を入れてくる辺り、本当に非常識な本かもしれませんね。

それはともかく、「教育にお金の話を持ち込むなんて！」というようなことを言われることがあります。あるいは「お金の話をされても…そんなのどうにもならないでしょ？」と諦められることがあります。それでいいのでしょうか？

国立大附属の財政状況

ＩＣＴ関連の発信が多いので、それに伴って本校のＩＣＴ環境も発信することになるのですが、そうすると「整っていますね。お金があるのですね」と言われることがあります。いやいやいや。国立大学の附属小なんて、全然、お金ないですよ。あるところにはあるのかもしれませんが、少なくとも東京学芸大学附属小金井小学校にはお金なんて全然、ありません。

しかし、確かに本校にはかなりの機材が揃っています。これはなぜかと言えば、外部資金を取ってきているからです。文部科学省の委託事業等の公募情報に目を光らせ、「これは！」というものがあると必死に申請書を書いて応募する。これによって獲得した資金で事業に必要なものを揃えていくと、それに伴って自ずと本校の環境も整っていく。多くはこの作戦によって整えてきたものです。

という話をすると、それこそ「それは附属だからできるのでしょう？」と言われるのですが、それで終わりにしていいのでしょうか？

諦めたら終わり

「GIGAスクール構想によって、児童生徒には一人一台タブレット環境が整いました。ところが、先生が授業をするためのタブレットはありません」

そんなマンガのような話を聞くことがあります。そうした劣悪な環境で仕事をしなければならない先生方には同情しますが、諦めたら何も前に進みません。**前に進まないで被害に遭うのは誰か。子どもたちです。**

同世代の子どもたちがタブレットを縦横無尽に使いこなし豊かな学びをしている中、たまたま進んでいない自治体に生まれてしまったが故にいまだに紙と鉛筆中心の学習に留められている。今はまわりもみんなそうだからいいかもしれません。しかし、高校、大学と進学したり、社会に出たりした時、それまでの経験の差に愕然とすることもあり得るでしょう。そんなリスクを子どもたちに負わせて教育したくはありませんよね。

確かに教員一人でできることは少ないかもしれません。しかし、ゼロではありません。それがお金に起因するのなら取ってきましょう。

「それは附属の教員だから言えるのだ」という方、まずは科研費に応募しましょう。奨励研究は「教育・研究機関や企業等に所属する者で、学術の振興に寄与する研究を行っている者が一人で行う研究」です。初等中等教育に携わっている先生方でも応募できるのです。

そういうチャンスがあるのに「どうせうちはお金ないから」と諦めているのはもったいなくないですか？「金の話はタブーだ」「それは附属の教員だから言えるのだ」と宣うのは簡単ですが、「できない理由を探す」より「できることに挑戦する」方が楽しいと思いますよ。

常識

・お金のことは教員が考えるようなことではない。

非常識

・取れるお金があるなら取りに行く。
・子どもの将来にリスクを負わせない。

その他

疑問40

「負け」「失敗」は許されないのか？

ちょっとこの節は、他の節と趣が違うかもしれません。ある年度最後の学級通信に書いたことを紹介しようと思うのですが、ここに書いた考え方は、長く私を支えてきてくれた考え方の一つでもあります。

「常識を疑う」ことを選択する方には役立つかもしれない、と思い、再録することにしました。

ある学年の担任を終える時、最後の学級通信にこんなことを書いたことがあります。

大学生の頃、○○というチームの応援団でトランペットを吹いていたのだけれど、それはそれは弱かった。だいたい最下位にいるようなチームで、10回通っても3回、勝てるかどうか、という感じ。あまりの弱さに最初は呆れていたのだけれど、途中でふと思いました。こんなに弱いチームで負けてばっかりなのに、どうしてこの人たちは毎日このチームを応援しているのかと。

答えはよくわかりませんでした。「そもそもこの街が好き」という人もいただろうし、「周りは巨人ファンばっかりでつまらない」という人もいたかもしれない。人それぞれだったろうと思うけれど、ただ、とにかくみんな負けても明るいの。2対18でボロ負けした試合を見たことがあったのだけれど、試合が終わったら隣にいたおじさんが「こんなに弱いのに2点も取ったなんてすごくねえか？」と言ってきたんだよ。そんな考え方もあるのか、とすごくビックリした。でも、それ以来、（そうか、負けてもそれはそれで楽しめちゃうな）と思ったのだよね。

以後、相変わらずそのチームは負け続けたけれど、僕はとても広い心でその敗戦を楽しめるようになりました。負けても負けても負けても、それでも次の日にはまた試合をして、1点取っただけで十分、楽しめる。たまに勝とうものなら、もう優勝したような大騒ぎができる。いいじゃないか。以来、僕の中には「負けるなんて大したことじゃない」という考えができあがったような気がします。言い方を変えると、僕は負けることを恐れなくなりました。

負けることを恐れないのって、割と強いんだよ。どんなことでも挑戦できちゃうから。「負けるのなんて怖くない。もしも勝てたら儲けもの」くらいのつもりでいるものだから「そんなの絶対に無理でしょ?」というようなことにもどんどん取り組んでいけちゃう。

公開授業でAIを使ったことがあったよね?　あれも見ていた先生方からは「ぶっ飛んでる」って散々言われたの。「道徳の授業でAI使うなんてそんな冒険、よくやろうと思いましたね!」って。でも「別に失敗したって命まで取られるわけじゃないし、なんか面白そうだし」と思うとやれちゃうんだよね。

このクラスって勝負にこだわるじゃない?（笑）　それが君たちのエネルギーになっていた部分もあるから、それはそれで悪くないのだけれど、負けたって大丈夫だぜ。うん、それは最後にちょっと伝えたいなって思う。負けたって大丈夫なんだよ。

負ける、と言うか、失敗することって誰にもあるじゃない？　テストの点が悪かった。友達とケンカしちゃった。廊下を走っていて先生に怒られた。いろいろな失敗があると思うけれど、それね、そんなに大したことじゃない。どんな失敗をしたって明日はやってくるし、その失敗で君たちの存在が否定されるわけじゃない。そんな失敗で君たち一人ひとりが持っている素敵なもの、いいものが失われるわけじゃない。

こんなことを学級通信に書くこと自体が非常識かもしれませんが…。

―常識―

・負けないように、失敗しないようにしよう。

―非常識―

・負けたって、失敗したって大したことはない。
・そう思えば大抵のことには挑戦できる。

おわりに

この書籍の基になったのは、雑誌『実践国語研究』に掲載していただいた私の連載「教科の常識を疑う　ＡＩ時代の授業研究」ですが、その萌芽は連載を始める前、２０２２年６／７月号の特集「ＧＩＧＡスクール時代の『板書』」で書かせていただいた文章「『板書』はメディアの一つに過ぎない」であったように思います。

『実践国語研究』の読者はもちろん国語を専門的に研究されている先生方なのだろうと思うわけですが、そうした方々を相手に真正面から板書にダウトをかけるような文章（本書の疑問８につながるような文章）でした。恐らく読まれた方の中には「これまでの板書研究をバカにするのか！」と憤慨された方もいらっしゃったのではないかと思う内容です。

発行後、怒られはしませんでしたが、「内容、賛成しますけど、こんなこと、よく書けましたね」とか「いやぁ、私には絶対に書けませんよ、こんなこと」というような声はずいぶんと届きました。

なぜ、普通は書けないのか。それは、やはりいらぬ軋轢を生む可能性があるからでしょう。人間、生きていれば引っかかることはいくらでもあるわけですが、そのすべてに疑問を呈していたらしょっちゅうまわりとぶつかることになって身が保ちません。

「そうじゃないと思うんだけどなぁ。でも、わざわざ言って険悪になってもいやだから、まあ言わないでおこうかな」

「それが正しいとは思えないけれど…でも、言ったら怒らせることになりそうだよなぁ。やめておこう」

そう考えるのは、この世知辛い世の中を生きていく上での必要なライフハックですらあるでしょう。私だって、そういうようなことを考えて我慢したり流したりすることはしょっちゅうあります。

しかし、私もいい年になってきました。今更、管理職を目指すわけでもないし、多少、煙たがられても「それで?」と言い返せる程度には面の皮も厚くなっています。陰でコソコソ言われても、SNSで匿名の方からとやかく言われても受け流せます。だったら、そろそろ「言わないでおこうかな」という判断ではなくて、「表に出して世に問うてみるか!」という判断をしてもいいかな、と考えてこの本を書きました。

また、これまでの教員人生の中で「これが常識だろう」と思われていることの枠組みを疑って見ることで、高い成果をあげられたことの経験もこの本の執筆を後押ししたように思います。

最近の例だと委員を務めた「初等中等教育段階における生成ＡＩの利活用に関する検討会議」での発表の経験があります。この会議では委員や外部の学識経験者に発表の時間が与えられることがありました。私も教育現場における生成ＡＩ利活用の実践について発表する機会を得ることができました。

普通、会議で発表するとなれば、事前にスライドを用意しておいて、練習を何度も行って発表するのが常でしょう。しかし、よく考えてみたらこの会議はすべてオンラインで行われていました。また発表が終わった後には盛んに質疑応答が行われますが、発表している間は当然のことながら発表者以外は発言をせずじっくりと聞いています。

「ということはこの発表、事前に録画しておいてそれを流すのでもいいのではないか」と思ったのです。

これにには様々なメリットがあります。まず絶対に時間オーバーしません。また事前に納得がいくまで何度も録り直しをすることができますから、発表のクオリティ自体、高くなることが予想されます。そして、これは小学校の教諭である私にとっては非常に重要なことだったのですが、会議の最中に何か突発的な事態が発生して呼び出されるようなことがあったとしても、ムービーを流しておけば発表そのものは行うことができるわけです。

これはいい方法だと思って実行してみました。文部科学省の有識者会議で自分の発表の時に撮っておいたムービーを流すなどということをする人はあまりいないのではないかと思いますが、結果的にこれは非常によい方法だったと思います。終了後、内容についても好意的な意見をたくさんいただきましたが、発表の形式についても「考えたことがなかったけれどこれは確かによい方法だ」といった意見をいただきました。

このように「普通はこうするだろう」という常識の枠を取り払ってみることで、新しい可能性を追究することができ、高い成果をあげられる。これってすごくワクワクしないでしょうか。

著者が私になっていて、タイトルがこんなことになっている書籍を手に取ろうという方は、すでにその時点でチャレンジ精神旺盛な方ではないかと予想しています。あるいは、本当はもっとチャレンジしたいのだけれど、まわりの様々な環境のために思い切ってチャレンジすることができない、という方かもしれません。いずれにしてもチャレンジすることに対してはポジティブな思いを持っている方ではないでしょうか。

そうした方々が常識の枠を疑って新しいチャレンジに取り組もうとする時、少しでもその支えになることができたらいいなと思ってこの本を書きました。この本に書かれていることがフルに役立つというわけではなかったかもしれませんが、新しいチャレンジをするあなたの背中をこの本がちょっとでも押せたのなら著者冥利に尽きるというものです。

最後に、遅筆な筆者から原稿が送られてくるのを粘り強く待ち続け、本書の出版に多大なるご尽力をいただいた明治図書出版の新井皓士氏に心からのお礼を述べさせていただきます。

鈴木秀樹

2025年2月

参考文献一覧

はじめに

・バーナド・ショー著（市川又彦訳）（１９５８）『人と超人』（岩波文庫）

第１章

・村井実著（１９７６）『教育学入門（上・下）』（講談社）
・イヴァン・イリッチ著（東洋・小澤周三訳）（１９７７）『脱学校の社会』（東京創元社）
・狩野さやか著（２０２０）「ポスト・コロナで目指す学校の姿は、“Face to Face”から“Side by Side”へ―東京学芸大学附属小金井小学校　臨時休校実践レポート」（こどもとＩＴ）https://www.watch.impress.co.jp/kodomo_it/teachers/1250804.html
・沼野一男著（１９８６）『情報化社会と教師の仕事』（国土社）

第２章

・マイケル・W・アップル著（門倉正美他訳）（１９８６）『学校幻想とカリキュラム』（日本エディタースクール出版部）

・内閣府（２０２２）「Society 5.0の実現に向けた教育・人材育成に関する政策パッケージ（案）【CSTI 教育・人材育成 WG 最終とりまとめ】」
https://www8.cao.go.jp/cstp/tougosenryaku/11kai/siryo3_3print.pdf
・福沢諭吉著（松沢弘陽校注）（１９９５）『文明論之概略』（岩波文庫）
・文部科学省（２０２３）「初等中等教育段階における生成ＡＩの利活用に関する暫定的なガイドライン Ver.1.0」
https://www.mext.go.jp/content/20230718-mtx_syoto02-000031167_011.pdf
・文部科学省（２０２４）「初等中等教育段階における生成ＡＩの利活用に関するガイドライン Ver.2.0」
https://www.mext.go.jp/content/20241226-mxt_shuukyo02-000030823_001.pdf
・文部科学省（２０１７）「【総則編】 小学校学習指導要領（平成29年告示）解説」
・東京学芸大学附属小金井小学校（２０１７）『子どもの学びをデザインする　思考をむすぶメディア』（東洋館出版社）
・鈴木秀樹著（２０２２）『ＩＣＴ×インクルーシブ教育　誰一人取り残さない学びへの挑戦』（明治図書）
・鈴木秀樹、安藤昇、安井政樹（２０２４）『ChatGPT と共に育む学びと心』（東洋館出版社）

【著者紹介】

鈴木　秀樹（すずき　ひでき）

1966年東京都生まれ。東京学芸大学附属小金井小学校教諭。慶應義塾大学非常勤講師。東京学芸大学 ICT センター所員。慶應義塾大学大学院社会学研究科教育学専攻修士課程修了（教育学修士）。私立小学校教諭を経て2016年より現職。ICT を活用したインクルーシブ教育、学習者用デジタル教科書、生成 AI を活用した授業づくり等が主要な研究テーマ。

単著に『ICT ×インクルーシブ教育　誰一人取り残さない学びへの挑戦』（明治図書）、編著書に『Face to Face の教育から、学びの Side by Side へ　Microsoft 365 Education を活用した小学校の学級づくり・授業づくり』（明治図書）、監修に『おとなもこどもも知りたい生成 AI の教室』（カンゼン）、共著に『ChatGPT と共に育む学びと心　―AI 時代に求められる教師の資質・能力』（東洋館出版社）他。

「非常識」な授業づくり
悩んだ時に立ち返りたい40の疑問

2025年4月初版第1刷刊 ©著　者　鈴　木　秀　樹
発行者　藤　原　光　政
発行所　明治図書出版株式会社
http://www.meijitosho.co.jp
（企画）新井皓士（校正）大内奈々子
〒114-0023　東京都北区滝野川7-46-1
振替00160-5-151318　電話03(5907)6701
ご注文窓口　電話03(5907)6668

＊検印省略　組版所　株式会社アイデスク

Printed in Japan　ISBN978-4-18-115726-5